Gender Studies of Law

法律的性别问题研究

马 姝 著

GENDER
STUDIES OF LAW

中国社会科学出版社

图书在版编目（CIP）数据

法律的性别问题研究／马姝著．—北京：中国社会科学出版社，2017．5

ISBN 978－7－5203－0220－3

Ⅰ．①法…　Ⅱ．①马…　Ⅲ．①法律—关系—性别差异—研究
Ⅳ．①D90－059

中国版本图书馆 CIP 数据核字（2017）第 086605 号

出 版 人　赵剑英
责任编辑　许　琳
责任校对　鲁　明
责任印制　李寡寡

出　　版　中国社会科学出版社
社　　址　北京鼓楼西大街甲 158 号
邮　　编　100720
网　　址　http://www.csspw.cn
发 行 部　010－84083685
门 市 部　010－84029450
经　　销　新华书店及其他书店

印刷装订　北京市兴怀印刷厂
版　　次　2017 年 5 月第 1 版
印　　次　2017 年 5 月第 1 次印刷

开　　本　710×1000　1/16
印　　张　15.75
字　　数　202 千字
定　　价　65.00 元

目　　录

第一章

研究视角：后现代女性主义

一　后现代女性主义辨析：价值与困境

女性主义，对很多人而言并非陌生词，其对应的英文单词是Feminism。在强调女性的权力/利的语境下，Feminism 又被译为女权主义。根据女性主义研究专家南希·F. 科特的考证，Feminism 大约是在 1910 年进入英语词汇的，其含义是妇女角色的“彻底的社会革命”。[①] 这一社会革命始于 19 世纪末 20 世纪初的西方，之后，在 20 世纪继续发展。迄今为止，已形成了三次女性主义运动浪潮，女性主义的概念和主张也由此日益深入人心，成为当今世界最具活力和批判力、最具改造社会之能量的社会思潮之一。

不加细分的话，我们可以将一切“妇女角色的彻底社会革命”笼统称为女性主义，但事实上，女性及与女性相关的社会不平等问题的复杂多样性，决定了女性主义内部并非铁板一块。随

---

① Nancy F. Cott, *The Grounding of Modern Feminism*, Chapter 1, New Haven, Conn. Yale University Press, 1987.

着女性主义运动的发展，随着社会实践的方案、社会思潮的不断推陈出新，在20世纪60、70年代第二次女性主义运动高潮中，女性主义内部逐渐分化出许多女性主义流派，以20世纪80年代为界，80年代前主要有自由主义女性主义、激进女性主义、马克思主义女性主义，80年代后出现了后殖民女性主义、后结构女性主义和后现代女性主义等新的女性主义流派。还有一种流行的概括是，女性主义阵营分三大家，即自由主义女性主义、社会主义女性主义和激进女性主义。后现代女性主义则被视为是近年来出现的一个重要的新女性主义流派。[①]

后现代女性主义，从字面来看，就是受后现代主义理论思潮影响而产生的女性主义。在本书中，后现代女性主义以一种理论视角的方式存在，以此理论视角关照与女性或性别有关的法律理论与实践问题，应能开掘出我国法学理论研究的另一个维度。在展开研究之前，对于后现代女性主义的来龙去脉、引入法学研究的可能、价值、局限等诸问题，亦有必要进行全面的研讨与斟酌。

（一）后现代女性主义的诞生

由上可知，后现代女性主义是西方女性主义发展至20世纪80年代时出现的。这是一个重要的时间点。从西方女性主义的发展脉络来看，后现代女性主义在这个时间点上出现似是必然。

1. 女性主义内部的分歧：如何处置“差异”？

20世纪80年代之前已有的西方女性主义流派可谓异彩纷呈。

---

① 李银河：《女性主义》，山东人民出版社2005年版，第38页。

在共有的“女性主义”旗号下，不同的流派对某些基本问题也达成了一定共识，如男女不平等客观存在、应当以各种方式来实现男女平等的理想，等等。如中国学者柏棣所说，“西方女性主义不是一个完整严密的思想体系。经历了百年的发展，女性主义庞大松散，有时歧义百出。然而传统的女性主义并不缺乏连贯性、一致性。卷帙浩繁的著作中，在讨论不平等的社会现象时，都以承认现存社会结构是男权的，即女性权益服从于男性利益的权力结构为理论的出发点”。[①]

但是，在男女不平等为何存在、什么才是平等、如何实现平等等问题上，不同时期的女性主义，因社会境遇、面对的现实问题、拥有的理论工具等不同而各有其答案。在这些分歧中，一个始终绕不过去的、带有本源性的、讨论“平等”时必须面对的问题就是，如何认识各种差异——男性和女性的差异，女性和女性的差异？迪马特·巴贝克（Diemut Bubeck）曾经指出：“差异问题已经以这样那样的方式占据了女性主义数十年。而且，即便差异不是位于女性主义思想和著作最显著的位置，它仍然作为一种背景用来反对任何可能被倡导的经验或理论上的普遍主义。因此，关注差异似乎不仅仅是讨论女性主义政治理论的一个适当途径，而且也是讨论更为普遍意义上的女性主义理论和女性主义哲学的一个适当途径。”[②]

作为人类社会中自始以来就有的两种性别类型，男性和女性必然是有不同的，最起码，生理结构就有不同。但是，男性和女

① 鲍晓兰：《西方女性主义研究评介》，生活·读书·新知三联书店1995年版，第2页。

② ［英］米兰达·弗里克、詹妮弗·霍恩斯比编：《女性主义哲学指南》，肖巍、宋建丽、马晓燕译，北京大学出版社2010年版，第205页。

性同为人类，又必然具有属于人的共性。对于共性和差异的认识，历来也是莫衷一是。那么，对两性的共性与差异的各种认识又是以何种方式、在何种程度上与现有的男女不平等社会结构发生关联的？流传的谬论之一种是，将两性的生理差异等级化（男强女弱、男优女劣），并以此作为不平等的基础将不平等合理化。女性主义如要反对不平等，必然要面对类似的、延续已久的论述，也就是说，必然要直面“差异”，要在理论上处理好“差异”这个问题。那么，20 世纪 80 年代前的女性主义如何处置“差异”命题，后现代女性主义与她们又有什么不同？

（1）自由主义女性主义：承认生理差异但反对因差异而区别对待

自由主义女性主义（Liberal Feminism）产生自 19 世纪末 20 世纪初的第一次女性主义运动浪潮。彼时，资本主义大工业正处于兴盛时期，女性得以有机会走出家庭，参与社会劳动。也就是在与男性并肩工作的时刻，女性们意识到在诸多权利如选举权、受教育权、劳动权等的享有上，男女并非平等。诞生于这一背景下的自由主义女性主义，自然以为女性争取与男子同等的权利，使更多女性进入到社会的主流、能与男子机会均等地进行平等竞争，实践权利和责任作为努力的主要目标。由于注意到了公众态度、法律和立法在维护既有的性别不平等结构中所起的作用，她们十分重视公共教育和立法，希望通过行动消除使妇女获得平等机遇的法律和立法上的障碍。而对于自由资本主义体制——这一在马克思主义女性主义看来是制造性别不平等的渊薮——她们并不反对。

自由主义女性主义在女性运动第一波时出现，属于早期的女性主义。社会性别论，或称社会性别差异论是其理论基石。社会性别论认为，造成女性与男性不平等的因素不是两性之间在生理上的差异，而是两性的社会性别差异。她们大多认为男女本质上没有不同，由于教育等后天原因才分出了等级。因为男女原本无差异，所以男女才应当平等。[①] 波伏娃的《第二性》就是对这种理论的发挥。因此，自由主义女性主义并不排斥男性与女性之间存在生理差异的观点，也不轻视妻子和母亲角色的价值，但她们反对因为存在的差异而建立所谓“与生俱来的”严格分工和不平等的社会角色。比如在社会上，虽然女性有机会因为工业化而走出家门，但她们大多从事的仍然是“女人的工作”，即不需要复杂技术的、报酬低廉的且地位低下的工作，而地位高的、管理性的工作则被视为“男人的工作”，得到的报酬和社会承认比前者更高。同样，这一流派也反对社会力量将妇女压制在一种完全以家庭和家务为中心的生活之中，提倡妇女在涉及婚姻、家庭、职业、政治及军事方面时的选择权。[②]

(2) 激进女性主义：强调共性，视“差异”为社会结果而非自然过程

自由主义女性主义之后的激进女性主义（Radical Feminism）产生于20世纪60年代的妇女解放和实践。之所以称为“radical”，是因为这一流派在打破不平等结构的行动方略上主张革命而非改良。而且，她们将男人对妇女的压迫视为最根本和最深重的压迫，因此，妇女的解放斗争必须直接针对男人的统治。相比较自由主

---

① 李银河：《女性主义》，山东人民出版社2005年版，第12页。

② ［美］史蒂文·塞德曼：《有争议的知识——后现代时代的社会理论》，刘北成等译，中国人民大学出版社2002年版，第166—167页。

义女性主义致力于通过改变公众态度和法律来实现女性的权利和解放，激进女性主义提倡更广泛的制度革命和文化革命。

对于两性的差异，早期的激进女性主义（20 世纪 60 年代末 70 年代初）多强调两性之间的生理的、心理的和社会方面的相似性，认为两性的差异是社会造成的而非自然结果。也就是说，是一个由男性主宰的异性关系秩序或曰社会体系，给男人和女人规定好了不同的性别角色（这些角色在社会上的地位又是不平等的），孩子从小受教育的过程就是一个不断进入这个秩序或体系的过程。激进女性主义对由男性主宰的家庭安排和社会化方式持强烈的批判态度，提倡的是建立在选择和平等的基础上的非传统家庭，并希望这种家庭模式的改造能将人们从压制性的性别规则下解放出来，实现性别界限并不严格二分的理想社会。激进女性主义代表人物有蒂－格蕾丝·阿特金森（Ti-Grace Atkinson）、舒拉密丝·费尔斯通（Shulamith Firsetone）、罗宾·摩根（Robin Morgan）、吉尔·约翰斯通（Gill Johnston）等。她们都大胆而雄辩地反对男性对妇女的压迫。如舒拉密丝·费尔斯通在 1970 年发表的《性的辩证法》中指出，由于女人在孕育婴儿时需靠男人的援助，从而逐渐形成女人对男人的从属地位，她由此提出“生物学革命”这一激进口号，主张通过开发一系列的新技术以解除妇女由于生理因素形成的对于男人的依赖，这些技术包括用奶瓶喂养婴儿，把孕育婴儿的过程移到子宫之外等。在法国著名激进女性主义者 M. 威蒂格构想的“新社会”中，只有人的概念，男人与女人的概念都将消失。①

---

① 转引自王丽萍《解读女性主义法学》，载梁慧星主编《民商法论丛》第 29 卷，法律出版社 2004 年版。

（3）社会主义女性主义：承认差异但更侧重制度批判

社会主义女性主义（Socialist Feminism）最早出现在20世纪60年代末。许多女性不满当时流行的关于女性受压迫的理论分析：自由主义女性主义一味强调个体性，忽视个体生存的环境，无法抓住性别压迫的实质；激进女性主义过于强调父权制，忽视经济现实，无法有效地概括女性经验及其阶级构成；马克思主义女性主义聚焦阶级及其经济基础，可能会再一次抹杀性别问题。正是对这些女性主义的压迫理论进行了深入思考，在综合马克思主义女性主义与激进女性主义的思想之后，社会主义女性主义强调女性受压迫源于资本主义父权制，即制度与性别的合力。因此，在差异问题上，社会主义女性主义固然承认它的客观存在，也认为妇女受压迫不仅仅根源于经济上的差异，社会上和心理上的差异也是其原因，但她们的热情更多投注在对“父权—资本主义制度”的批判上。

社会主义女性主义继承了马克思主义的基本理论和方法，对资本主义进行了严厉批评，却又不止于此。社会主义女性主义认为，当今女性的社会地位既是父权制的性别体制的直接后果，又是资本主义经济制度的结果。这就是将激进女性主义与马克思主义结合起来的琳达·菲尔普斯（Linda Phelps）提出的“父权资本主义”理论（Patriarchy and Capitalism）。如果说父权制理论为女性受压迫提供了形式，那么马克思主义理论中对资本主义的批判则为女性受压迫提供了内容细则以及变革的力量。在关注的问题上，社会主义女性主义不仅关注女性生活的公共领域，还关注女性生活的私人空间，尤其是关注母亲式的无偿劳动、关注女性的家务劳动，等等。

纵观从自由主义女性主义直至20世纪60年代后期到整个70年代发展出来的这些女性主义流派，可以看到，她们从不同的方向向男权社会发起了进攻，她们对于性别不平等社会的形成原因，对于女性解放、性别平等的实现道路上有不同的看法，但在处置“差异”问题上，她们仍有缺憾。第一，尽管她们承认男性与女性之间存有差异，但“差异”仅仅是一个或多或少被承认的事实，没有成为构筑女性主义整个理论大厦的基石。第二，她们看到了男女的差异，却没有看到或者不强调女性内部差异的政治意义。

差异是女性主义无法回避的现实与理论纽结。女性主义必须面对和合理处置差异，并让其成为开展斗争的新起点。70年代后期和80年代早期，一种抬高妇女贬低男子的性别差异论在学院派的女性主义理论中出现。她们承认差异，但承认差异是为了在两性中划分等级，将女性视为比男性更优越的性别。例如，她们认为，从伦理道德方面看，女性就高于男性，女性的自我牺牲、母性和关怀伦理高于男性的自我中心、残忍、看重攻击性和竞争性的道德标准，等等。南希·乔多罗（Nancy Chodorow）在《母性的再造》（*The Reproduction of Mothering*），卡罗尔·吉利根（Carol Gilligan）在《不同的声音：心理学理论与女性的发展》（*In a Difference Voice：Psychological Theory and Women's Development*）中，都在强调存在于男人和女人之间的心理、社会及道德差异的同时，对两性的特质进行了高下之分，认为妇女的同情、养育以及相关的照顾方式表明了妇女具有更优越的心理、社会和道德的敏感性。19世纪的女性达尔文主义者甘博（Eliza Gamble）

还赞美“地球母亲”“大地女神”，反达尔文之道而行之，主张女性在本质上高于男性。[①] 暂且不论这一将男女两性一分高下的研判是否正确，对女性主义又将产生何种影响，我们至少可以看到，这一时期的女性主义学者已经在理论进路上开始一种新的努力。

这一努力引发了女性主义的一个微妙转向，即，在这之前的女性主义各个流派多是强调女性与男性的相似性，强调女性有优于男性的道德感的女性主义心理学家们则开始注重性别差异。诉诸妇女身份不再意味着仅仅是分享共同的被压抑和反抗的状态，而是突出与男性有别的共同的心理倾向、价值、思想和存在方式。而且这种差异更能将女性凝成为一个整体。

与此同时，女性之间的差异也不断被提出来，这对女性主义理论及其运动构成新的一轮考验。因为自20世纪60年代末期以来，妇女运动的领导权一直掌握在白人的、中产阶级的、大多数受过大学教育的妇女手中，妇女之间的差异事实上处于被忽视的状态，不属于白人、中产阶级、未受过良好教育的女性的生活、声音、权利，也处于隐秘不见的状态。80年代早期，来自于工薪阶层的妇女、犹太妇女、后殖民地的妇女、有色人种妇女不断地表达对女性主义的不满，白人女性占主流的妇女运动受到了激进的有色人种妇女及性激进分子的强烈批评。

激进的有色人种妇女认为，过去的女性主义反映的是白人的、中产阶级妇女的经历、价值和利益，排除了或边缘化了非白种人或非中产阶级的妇女的生活。有色人种的妇女的经历不仅无

① 李银河：《女性主义》，山东人民出版社2005年版，第13页。

法在占据妇女运动主流地位的妇女形象和在妇女解放的观点中得到反映，而且还受到了解放运动的压制；有色人种的妇女不仅要遭受性别上的压迫，还要遭受种族的、阶级的压迫，她们需要与男子结成稳固的联盟以反对种族主义和阶级主义。她们认为，一个女人的社会身份不仅仅是女性，她还隶属于某个阶级，来自于某个民族，并有自己独特的生活经验。在错综复杂的社会价值网上，她所占据的位置是独一无二的，不会与任何其他女性相同。著名黑人女性主义者贝尔·胡克斯举例说，走出家庭，争取社会工作权这样的女权要求在美国只能代表白人中产阶级女性的利益。从美国历史上看，参加家庭以外的社会劳动对黑人女性来说，从来就不是什么要去争取的“权利”。不论是当日棉花种植场的女奴，还是今天要养家糊口的劳动女性，她们生存的第一条件就是工作。因此，争取工作权只代表了被丈夫当作玩偶宠物闲置在家里的白人资产阶级女性的要求。胡克斯进而指出，至今为止，女性主义尚未组织起卓有成效的反对性别压迫的群众运动。现存的女性解放理论由于阶级局限和文化误解，不能解释女性经验的复杂性和多重性。西方女性主义理论不是来自于受性别压迫最深的黑人劳动女性，而是白人中产阶级女性的无病呻吟。①

至20世纪80年代中期，宣扬妇女的社会性差异的声音大量传播开来。有色人种妇女、工人阶级妇女、后殖民地的妇女等新的女性主义者在捍卫妇女运动的同时，强调妇女的多样化经历，批评主流女性主义已经形成的、帮助强化占统治地位的欧洲中心的、中产阶级的、白种人的社会规范，并借助后结构主义对本质

---

① ［美］贝尔·胡克斯：《女权主义理论：从边缘到中心》，晓征、平林译，江苏人民出版社2001年版。

主义和基础主义的批判，在女性主义文化政治中诞生了一种新的社会和文化力量，这就是被认为真正对传统女性主义构成理论威胁的统称为“后现代女性主义”的思潮。

对于“差异”，后现代女性主义有着与之前的女性主义不同的处置方式。正如下文中还要提到的，后现代理论的去中心、反对二元对立和本质主义的特点在后现代女性主义中有充分的体现。后现代女性主义从反本质主义立场出发，消解了“女性”本身，因此就彻底否定了男女差异的前提。所谓自然、人性，既非固定不变，也非普遍相同，在不同的社会、文化和历史背景下具有很大不同。人的特质既不能划分为男性气质和女性气质两大类，也没有统一的女性特征，真实存在的是来自种族、阶级、经济地位各有差异的女性个体。斯佩尔曼曾督促当代女性主义理论家抗拒掩盖妇女差异的倾向，不要以为似乎存在着某种“妇女”，所有经历了各自不同生活道路的妇女都将自动融汇到这个所谓的“妇女”类别中，在其中彼此的差异都被消解。一个有效的女性主义理论必须认真对待妇女之间的差异，它不能宣称所有的妇女都“正如我一样”。① 后现代女性主义理论家巴特勒的结论是：“这样一个总体概念的建立，所付出的代价只能是产生新的、更进一步的‘排除’。所以，要想不事先放弃未来对包容的要求，我们不得不将‘普遍性’一词视为永久开放性的、永久论争性的和永久暂时性的。”②

因此，后现代女性主义者拒绝发展出一个无所不包的解释和

---

① ［美］罗斯玛丽·帕特南·童：《女性主义思潮导论》，艾晓明等译，华中师范大学出版社 2002 年版，第 318—319 页。

② 王逢振主编：《性别政治》，天津社会科学院出版社 2001 年版，第 75 页。

解决方法。后现代女性主义之前的女性主义反抗男性统治，并设计出一整套反抗的方案。但后现代主义直接宣布，这样的反抗或许是不必要的，因为本来就不存在严格的性别身份。如同根本不存在所谓的“男性”一样，后现代女性主义宣称，“妇女”这个范畴是标准化和政治性的概念，无论从生理角度还是从社会角度来衡量，性别身份都不是固定的，根本没有这样一种核心的性别身份，以共同的心理倾向、文化价值或者社会地位为基础，清晰地将妇女与男子区分开来。性别一直有多样化的、相互冲突的和变换着的含义，它是不断进行着的社会冲突的场所。后现代女性主义者反对用纯粹的妇女或女性性别身份的概念来组织知识和政治，她们喜欢使用包容多样化、复合的自我（如白人的、中产阶级的等），并且确认女性主义的知识和政治的永久多样性和不稳定性。后现代女性主义对待差异的态度容易给社会运动制造困惑——既然女性的差异大于共性，那又如何能将女性团结起来一起发出声音，一起向男权堡垒发起进攻呢？因为那个把女性凝聚起来的东西在后现代女性主义者这里是不存在的。当女性之间的差异引起争议的时候，后现代女性主义并不如传统的女性主义那样，主张彼此妥协，达成共同的行动纲领，与此相反，它认为彼此之间应不调和、不对话、各自为政、分别解决各自认为重要的问题（即个体主义政治，个人的即政治的），即承认差异、拒绝理论的统一、不提出一致的行动纲领。自然，后现代女性主义也因为女性之间的差异客观存在而容忍了理论上的各种分歧。

2. 女性主义对后现代主义理论营养的汲取

女性主义发展到后现代女性主义阶段固然与女性主义自身发展脉络有关，但还有一个重要的原因不容忽视，这就是，女性主义本身如海绵一般极善于汲取同时代其他社会思潮的养料。历数之前的自由主义女性主义、社会主义女性主义、马克思主义女性主义，哪一个不是积极吸收当时的社会分析和批判工具来寻求女性的解放之道？因此，后现代主义思潮一出，必然引起女性主义的关注，而二者之间某种不言而喻的默契则使得后现代女性主义的诞生成为一个毫无悬念的结果。可以说，后现代女性主义便是后现代主义哲学和女性主义的结晶。多诺万亦指出，女权主义（即女性主义）理论在20世纪80年代最重要的变化可能来自后结构主义或后现代主义对它的重大影响。①

（1）何谓后现代主义？

用简短篇幅对后现代主义进行一番概括是一件不可能完成的事，同时考虑全书结构，笔者此处也只择其要者概述之。通常，理论家们倾向将后现代性与后现代主义略作区分，如，后现代性是“描述继现代性之后而来的那个假想中的时代”，而后现代主义是用来“描述文化领域内那些有别于现代主义运动、文本和实践的运动和作品”。② 伊格尔顿也指出，后现代主义通常指一种当代文化形式，后现代性暗指一个特殊历史时期。“后现代性是一种思想风格，它怀疑关于真理、理性、同一性和客观性的经典概念，怀疑关于普遍进步和解放的观念，怀疑单一体系、大叙事或者解释的最终根据……后现代主义是一种文化风格，它以一种无深度的、无中心的、无根据的、自我反思的、游戏的、模拟的、折衷主义的、多元主义的艺术反映这个时代性变化的某些方

① ［美］约瑟芬·多诺万：《女权主义的知识分子传统》，赵育春译，江苏人民出版社2003年版，第257页。

② ［美］道格拉斯·凯尔纳、斯蒂文·贝斯特：《后现代理论——批判性的质疑》，张志斌译，中央编译出版社2002年版，第5页。

面，这种艺术模糊了‘高雅’与‘大众’文化之间，以及艺术和日常经验之间的界限。”但在同时，他也指出，由于二者密切相关，所以在不需要特别注重二者的区别的场合，比如只作纯粹思想探讨的话，他倾向于使用较常用的术语“后现代主义”来概括这样两种事物（后现代性与后现代主义）。[①]

后现代主义是对现代主义的全面反思，即全面批判西方现代主义的哲学、语言、文化和主体概念。批判的动因之一便是在于后现代主义理论家认为当前西方社会中的一系列问题多少都与现代化有关，需要对现代化及相应的现代主义哲学观带来的问题予以清算和超越。后现代主义的代表人物中，有尼采、海德格尔等对现代性的批判，有瑞士语言学家索绪尔对文字性质不稳定性的主张，有结构学派人类学者利瓦伊斯陀对亲属结构的研究。更近的则有罗兰·巴特对文本的重视、福柯对知识和权力之间关系的解析、德里达的解构观念、利奥塔对后现代情境的描述、詹明信对资本主义后期的看法、吉尔兹解码文化来寻求意义，等等。但是，我们很难给后现代主义下一个确切的定义。因为后现代主义本身就是排斥一个固定的、明确的事物的。伊格尔顿对后现代主义如是解释：“后现代主义是一个复杂和范围广泛的术语，它已经被用来涵盖从某些建筑风格到某些哲学观点的一切事物。从哲学上说，后现代思想的典型特征是小心避开绝对价值、坚实的认识论基础、总体政治眼光、关于历史的宏大理论和‘封闭的’概念体系。它是怀疑论的、开放的、相对主义的和多元论的，赞美分裂而不是协调、破碎而不是整体、异质而不是单一。它把自我

---

① ［英］特里·伊格尔顿：《后现代主义的幻象》（前言），华明译，商务印书馆2000年版，第1—2页。

看作是多面的、流动的、临时的和没有任何实质性整一的。"①詹明信则以批判的方式回答"后现代主义是什么"这个问题。他以后现代主义的文学艺术作品为例，指出后现代主义的几个特点，如"一种新的平淡感""缺乏深度的浅薄""只是在浅表玩弄指符、对立、本文的力和材料等概念，它不再要求关于稳定的真理的老观念，只是玩弄文学表面的游戏"。②

（2）女性主义与后现代主义之关系

后现代主义会受到女性主义欢迎并与之结盟似是必然。

后现代理论学者曾分析其中的奥秘。如美国学者凯尔纳和贝斯特指出，许多个人和团体之所以被后现代理论所吸引，乃是因为现代理论贬抑他们自己的主体立场，忽视了他们的切身利益。③例如，女性主义者看到了现代性、现代理论以及现代政治的可疑之处。女性主义者之所以倾向于批判现代理论，是因为对妇女的压迫一直受到现代理论及其本质主义、基础主义以及普遍主义哲学的支持和辩护。尤其是人本主义话语中的大写的"人"（Man）字直接掩盖了男女之间的差别，暗中支持了男性对女性的统治。人本主义话语假设了一种作为人类构成要素的普遍的本质，并将在社会历史环境中形成的男性特征与活动（如理性、生产、权力意志等）推崇为人类的本质。在这种现代话语中，男人是人的典范，而妇女则是另外的东西，一种附属的性别。按照西方形而上学的比喻和策略，男女之间的二元对立建构出了两组置男性于优

---

① ［英］特里·伊格尔顿：《后现代主义的幻象》，华明译，商务印书馆2000年版，作者序。

② ［美］詹明信：《晚期资本主义的文化逻辑》，张旭东编，陈清桥等译，生活·读书·新知三联书店1997年版，第288—290页。

③ ［美］道格拉斯·凯尔纳、斯蒂文·贝斯特：《后现代理论：批判性的质疑》，张志斌译，中央编译出版社2002年版，第231页。

等地位而置女性于劣等地位的对立品格。这一图式包括理性与情感、果敢与被动、强壮与柔弱或公共与私人等一系列二元区分。这些都是策略性的对立——将男子置于等级制中的优等位置，而置妇女于卑贱位置，并视女性为从属性别。这种意识形态话语最早可以追溯到柏拉图和亚里士多德那里，它为男子对妇女的统治提供了借口，把妇女们捆绑于家务劳役之中，排除于公共生活和理性与客观性声音之外。正因如此，以攻击普遍主义、本质主义、基础主义以及二分法思维模式为目标的解构主义、后结构主义或后现代理论深受女性主义者欢迎。正如哈奇森所注意到的那样，女性主义话语和后现代话语是相辅相成的。女性主义有助于后现代理论去批判人本主义这种男性统治话语中的普遍“人”（Man），从而作出能够更多地照顾到具体差异的分析——从性别认同角度分析主体之生成过程。此外，在解构理性、知识、主体及社会统治形式方面，后现代主义和女性主义之间有着深刻的相似性。因而，毫不奇怪，后现代对多元性、差异性、他异性、边缘性以及异质性的强调，会深深吸引那些发现他们自己被边缘化、被排斥到理性、真理和客观性声音之外的人。因此，从这一点上讲，后现代理论作为对现代性和现代话语的一种批判，对女性主义以及别的社会运动非常有利，它为女性主义批判及纲领提供了新的哲学武器。

当然，女性主义与自由主义、现代性不是脱节的。“女性主义是以由现代性新近培养出来的许多价值为自己基础的。以启蒙运动对解放（emancipation）的笃信为例，正是这种思想在平等问题上为自由女权主义者提供了理论依据。尽管这种解放思想是在经历过漫长持久的延迟之后才逐渐地应用到女性身上。”

多诺万指出，后现代主义和女权主义一样显示并促成了哈贝马斯所说的西方文化的“合法化危机”。[①] 它向利奥塔所指称的“伟大的叙事”，即“关于合法性的宏大叙事”或西方文明的“元话语”发起挑战。尤其是其中的“科学随着历史进步”的启蒙信仰。这种叙事，正像克雷格·欧文斯（Craig Owens）所说的，实际上是“统治的叙事，是男人在征服自然的过程中寻找他的终极目标的叙事”。它们证明“西方男性自封的使命——按照他自己的形象改造整个星球——是合理的”。因此，“就后现代主义打破征服者的叙事稳定性而言，它似乎是女权主义的利益同盟”。

曾写作最重要的后现代主义女权主义理论杰作《女权主义理论中的后现代主义和性的关系》的弗拉克斯认为，女权主义者和后现代主义者的共同事业是向启蒙理论的重要信条表明“根本性的怀疑”：启蒙理论相信，依附理性的“稳定、连贯的自我”，相信理性和科学是卓越的方法，能产生客观的、普遍的真理；相信语言包含的思想是“透彻的”、有代表性的。而女权主义者已和其他后现代主义者一样，开始质疑所有这些主张，因为它们可能反映和体现的主要是白种人，西方社会中的男性的经历。[②]《后现代精神》中《走向后父权制的后现代精神》的作者凯瑟琳·凯勒则指出，以“后现代世界研究中心”的价值观为代表的对后现代世界的渴望，同表现在女权主义思想和实践中的世界观

① ［美］约瑟芬·多诺万：《女权主义的知识分子传统》，赵育春译，江苏人民出版社2003年版，第257页。

② ［美］约瑟芬·多诺万：《女权主义的知识分子传统》，赵育春译，江苏人民出版社2003年版，第276页。

之间有着本质的相似性。[①]

因此，可以说，后现代主义与女性主义在精神气质上具有家族相似性。后现代主义本就是为批判现代主义而诞生的，虽然它的批判方式较为独特，并不以正面较量为策略，而是直接进入到现代主义的核心，在基础上对诸如理性这样的构成现代主义的核心概念予以解构并以此来颠覆建立在理性基础上的整套知识和性别秩序。女性主义的诞生也是源于对现有男权秩序的不满，她天生携带批判的基因，无论哪一种女性主义流派，或许表现形式不同，但在对既有秩序的批判这一点上，没有任何差别。这与后现代主义在精神气质上不谋而合。

在短期目标上看，后现代主义要抵制霸权、颠覆主流，女性主义为了对抗千百年来以男性为中心的社会，争取男女平等，就一定要打破各种偏见，抵制各种霸权，因此两者必然存在相互吸引和相互支持之处。当然，需要注意的是，从长期来看，后现代主义是去中心的，而女性主义最终建立在一个“女性”主体基础上，女性必须要以一个整体而存在，而后现代主义早就认为“女性”是不存在的。因此，严格来说，一个人不可能同时是后现代主义者和女性主义者。

在批判策略上，后现代主义建立在对本质主义和基础主义的批判之上。受拉康、德里达、福柯等哲学家解构思想的影响，后现代主义打破了作为西方思想基础的二元论，认为不存在绝对的真理和自我身份。换而言之，一切理性的、连贯的、完整的所谓主体也是不存在的，存在的只有无意识。由此推断，所谓的本质

---

① ［美］大卫·雷·格里芬：《后现代精神》，王成兵译，中央编译出版社 1998 年版，第 101 页。

化的“男性”也是不存在的。这无疑给以反抗男性霸权思想为己任的女性主义提供了一个新的论说武器，以否定本质化男性的存在来否定一切男权的宏大叙事、普适性理论和客观性。但是，正如笔者在下文中还要谈到的，这样在逻辑上也产生了一对矛盾：既然消解了男性，那同时也消解了女性，本来就不存在严格的性别身份，那么，女性主义存在的基础、反抗的对象也就不存在了。女性主义在从后现代主义那里汲取理论资源的同时，也可能面临着消解自身的危险。

当然，在看到后现代理论也许因为有助于妇女和其他被剥夺了权利的人获得相应的权利，因而同女权主义者的利益相吻合的同时，也要看到，从女权主义视角来看，后现代主义也是存在许多问题的。首先，后现代主义者把女权主义理论也当作元叙事来进行攻击，尤其是对费尔斯通、戴利、里奇和麦金农等人的激进女权主义进行攻击。南希·乔多罗的精神分析女权主义、吉利根的理论以及观点则被批评为“本质优于存在论”和“单一因果律”。[①] 多诺万指出，后现代主义怀疑和排斥任何理论或一般的陈述，因为它们不考虑各种特别的差异。这就带来两个隐患：一是后现代主义使人们在任何理论中都无从选择；所有的理论都是“本质先于存在论”和“单一因果律”，因而遭到怀疑。因此，作为一种政治理论，后现代主义仅仅提供了一种相对的多元论。二是后现代主义封锁了一般的政治身份的可能性。因为政治主张不仅决定于某一群体（如妇女群体）的内聚性，而且决定于该群体议事日程上的需求。从女权主义角度来看，后现代主义在这方

---

① ［美］约瑟芬·多诺万：《女权主义的知识分子传统》，赵育春译，江苏人民出版社 2003 年版，第 276 页。

面的问题最严重，因为它否定了政治行动的可能性。

正像特里·伊格尔顿所说的，后结构主义实际上是一种“多元论崇拜”，一种“无主旨的自由主义”。它通过“彻底消除主旨，使之同任何行为者一样无能，尤其是革命理论……从而确保政治无为主义和政治折中主义”。玛丽·霍克兹沃思警告道：如果后现代主义诱人的论题占了上风，那么白种男性继续像现在一样牢牢掌握着权力，就不是什么意外的事情。在一个根本不平等的世界中，相对主义者的屈从只会强化现状。多诺万认为，后现代主义同自由主义一样，没能认识到这个世界是一个“极其不平等的”世界，解构西方文化的宏大叙事或打破它的稳定性同解构女权主义理论，如吉利根的理论，或打破该理论的稳定性，这两者根本不是一码事。前者包含着社会统治权力的世界观，而后者揭示了一个受压迫群体的特殊见解。[①]

（二）后现代女性主义的基本特点、贡献与困境

不管后现代主义存在何种问题，它仍然可以说是女性主义发展到当代最为忠实可信的理论同盟。后现代主义思想家们如福柯、拉康、德里达、利奥塔等，以其方向各异归属一致的后现代理论为女性主义提供了丰富的养料，形成了后现代女性主义这一女性主义中的新流派。这一流派的特点可以概括为：具有颠覆性、挑战性和注重差异性、多样性，反对男权统治模式，无视普遍性、同一性、一致性、主体性，对建立宏大的统一理论没有热情，不再一味地追求统一，更加注重女性与女性、女性与男性以

① ［美］约瑟芬·多诺万：《女权主义的知识分子传统》，赵育春译，江苏人民出版社2003年版，第277—278页。

及国家、种族、阶级间的各种差异。其代表人物如法国的克里斯蒂娃（Julia Kristeva）、塞克瑟斯（Helene Cixous）、伊丽加莱（Luce Irigaray）等。

值得一提的后现代女性主义思想家是朱迪思·巴特勒（Judith Butler）。她提出了批判性的女性主义性别谱系学，并对权力、社会性别、性、认同均有研究。在《性别麻烦：女性主义和身份的颠覆》（*Gender Trouble：Feminism and the Subversion of Identity*）一书中，她指出，女性主义在无意之中增强了它所批评的两性性别秩序，同时，她反对女性主义去制造一种关于妇女受压迫和解放的一般理论的计划，也就是说，之前的方案仍然是在已有的架构中思考，无形中反而强调了女性主义所批评的两性性别秩序。换而言之，越是直接反抗，越是强化了权威。作为替代物，她设想了一种"批判性的性别谱系学"，其目的在于分析性别表演性产生（performative production）。她认为，性别是一种社会事实，人生下来或是女性或是男性，但是后来才变成妇女与男子的，而变成妇女就意味着采纳了一个核心的妇女身份，它反过来又形成妇女行动的基础。女性和男性是通过社会化进程才变成了妇女和男子；是社会而非自然决定了妇女和男子生活的形态，并且性别身份是通过非法地赋予了男子凌驾于妇女之上的权力这种方式形成的。① 她使用福柯的语言，对女性主义的一些核心概念进行剖析，例如，她否认存在着普遍的、统一的"妇女"这一名词。在她的理论体系中，"社会性别"是表演性地产生的，"身体"也不是生物学意义上的"自然的身体"，而是由文化和

① Judith Butler, *Gender Trouble：Feminism and the Subversion of Identity*, New York: Routledge, 1989.

权力决定的身体，同样，政治也不是一种认同政治，而是“表现性的政治”。没有了绝对的是非、对错，知识也不再是客观的、理性的和普遍的，而是由权力决定的话语。她指出，任何一种女性主义都无法代表地域、种族、文化、阶级、性倾向不同的另外一些妇女，女性主义应当强调多样性和差异性。

在存续已久的权力框架下突围本就是一件异常艰难的思想历险。相比之前的女性主义，后现代女性主义依然有所超越，她在女性主义发展史上的贡献是弥足珍贵的：

1. 从本源上颠覆性别不平等的存在基础

现代启蒙思想中一个被奉为圭臬的存在就是——理性。然而，也正是“理性”，为性别不平等的社会结构奠定了理论基础。在现代思想中，理性被认为是“人类思维能力的全部，代表人类思维能力中最好的部分”。对理性的歌颂看似性别中立，没有对理性之外的思维形式予以臧否，但在后现代主义看来，“理性并不是性别中立的，它是基于克服本性、情感和特殊性而确立的……把理性看成是人类最根本的原则是错误的，理性根本不适用于生活的一切领域”。[①] 福柯认为，理性总是充当着评判一切的标准，然而理性自身从未被拷问。事实上，“理性”所克服的对象被认为是低级和次要的，比如“本性、情感、特殊性”等等。而理性，也通常被认为是男性的特质，“本性、情感、特殊性”等“非理性”的一切是女性的特质，诸如女人缺乏把握规模宏大的法则和原理的能力、女性不擅长任何理性的认识等一类的认定在现代以来的性别叙事中流传已久。客观存在的性别差异

① 汪民安等主编：《后现代性的哲学话语——从福柯到赛义德》，浙江人民出版社2000年版，第11页。

在“理性”至上的启蒙年代被人为地赋予了等级性，性别不平等也因此而更加获得了存在的合理性。“启蒙主义将世界划分为代表理性、主体、文化、心灵的男性世界和代表情感、客体、自然、肉体的女性世界两大领域，并赋予前者高于后者的价值，由此为男性对妇女的统治提供了借口，从而把妇女束缚于家务劳役之中、排除在公共生活和理性客观性声音之外。”①

后现代女性主义所质疑的，不是“女人是否缺乏理性”，或者这种缺乏是有利还是有害，它的矛头直接指向参照物，即“宏大的法则和原理”本身的合法性。如果法则和原理是值得怀疑的，那么缺乏与否就无关紧要，那么女性的低下就不过是理性的专制与阴谋。后现代女性主义之前的女性主义的认识论还是建立在现代思想中所信奉的那套理论预设的基础上，即坚持本质主义，认可理性、确定二元对立，承认对于男女不同特质的界定，这就很难在哲学层面撼动性别不平等的基础。不拆解掉那个所谓的“宏大的法则和原理”，任何女性主义的努力都是徒劳。

除了质疑“宏大的法则和原理”，拷问“理性”，后现代主义还反对一切二元对立：没有等级，只有差异；没有二元，只有每一个个体。汲取了后现代主义养料的后现代女性主义于是从两个方面同时摧毁了性别不平等的根基。首先，对二元对立的批判意味着根本没有理性与非理性的差别，也不存在男女不同特质的概括；其次，即使二元分立存在，由于理性的合法性受到质疑，非理性的所谓女性特质并非低级。当然，这种摧毁还更多的只是体现在语词的世界和抽象思辨的层面，无法马上延伸到现实世

① 张广利、杨明光：《后现代女权理论与女性发展》，天津人民出版社2005年版，第60页。

界中。

2. 从女性关怀扩展到普遍关怀

后现代女性主义反对基础主义（foundationlist）和本质主义，因此其社会批判力反而弱于传统女性主义，而传统女性主义的社会批判力较强，却又常常陷入本质主义的陷阱，从而无法彻底实现女性的自由与解放。① 这是女性主义理论的两难困境。但是后现代女性主义毕竟为女性的解放提供了一种完全不同于传统的思路，它以追根问底的勇气和智慧，提供了性别歧视之所以存在的一种新解释。尽管由于它对“后现代”的依附消解了女性主义特有的政治性，但是它的发问在方法论上却是颇具颠覆性的。在男女差异问题上，传统女性主义中的前提是可确定的男性和女性的存在。女性的既有形象已经被确定，剩下的问题只是怎么样改变这种形象和提高女性的价值。然而后现代女性主义并未纠缠在该问题中，它的探索向上追溯，它要质疑的是：“女性”存在吗？

后现代女性主义认为所有的分类都过于概括。每一个类别的内部都是千差万别的，所以这些分类都不再适用了。在后现代女性主义看来，就连“女性”“男权制”这类概念也都带有大成问题的本质主义色彩。② 后现代女性主义认为根本不存在男人和女人之分，没有永恒的男人和女人。“人只是多种文本的集合，是一种没有最终所指的能指符号。它认为，无论男人或女人，只是一种能指符号，在不同的社会、文化中，乃至在不同的场合中，这一符号会发生变化，具有不同的指向。除了生物指标以外，人们对某一个体或群体进行性别识别时，往往依据某一文化对性别

① 李银河：《女性主义》，山东人民出版社 2005 年版，第 64 页。

② 同上书，第 61 页。

的角色行为的规定。而现在性别划分的标准已变得模糊不清了。”[①]

消泯了女性之后，后现代女性主义的哲学关怀通向何处？可以说，后现代女性主义是以关怀女性为出发点，但终极的关怀是指向超出性别界限的整个人类，它所思考的是整个人类社会历史及其文化结构。女性主义本来的职责就是，“朝向普遍性（towards universality），她必须超出和揭示不单纯关怀女人而已的现实性。”[②] 但是传统女性主义是以“女性主体化”取代“男性主体化”的理论思考模式，后现代女性主义不再重复这一模式，而是试图通过“去中心”的理论思考程序，彻底取代作为男性父权主义和整个传统文化的哲学理论基础的“二元对立主客体模式”。[③] 这便真正意义上接近了女性主义的“朝向普遍性”的终极诉求，表现出充分的宽容和前瞻性。后现代女性主义期望的是建立一个兼容并包、平等和谐的社会，它没有推翻男性统治后登上女皇宝座的野心，而是从自己的切身感受出发，以重视女性利益为切入点关注所谓弱势群体的权利，打破任何性别、等级、身份的设限，以对异己者的包容提升整个社会的宽容度。

3. 提出再造话语的女性解放方案

福柯在他的“权力—知识”形成学说中表明：权力的实施创造了知识，知识本身又产生了权力，权力是由话语组成的，话语是权力的产物，在话语的实践中潜藏着权力的运作。话语即权

---

① 张广利、杨明光：《后现代女权理论与女性发展》，天津人民出版社 2005 年版，第 78 页。

② ［美］约瑟芬·多诺万：《女权主义的知识分子传统》，赵育春译，江苏人民出版社 2003 年版，第 275 页。

③ 高宣扬：《后现代论》，中国人民大学出版社 2005 年版，第 366—367 页。

力。话语的争夺实际上即权力的争夺，话语的拥有意味着权力的拥有。但话语并不仅仅是权力的附庸，话语一旦由权力生产出来，其本身又具有能动地生产权力的功能。因此话语与权力之间有着复杂的互动关系。① 福柯指出，标准化或正常化是控制和自我规范的深化，社会通过纪律管束着人的身体，通过话语来定义何为正常、何为反常，通过标准化或正常化过程来要求人对规范的遵从。

后现代女性主义借用福柯关于标准化、正常化的思想，说明女性就是生活在这样一种社会压力之下，不仅要服从纪律，而且要遵从规范，自己制造出自己驯服的身体。由于社会对于女性特征的认识已经根深蒂固，甚至女性自身亦不加怀疑，女性不自觉地按照社会既有的定位来规范自己的行为，而这种自律反过来又强化了社会对女性的认识，如此循环，女性便不断陷入对自己的约束之中，不会再对自己所应当承担的责任产生怀疑。正如福柯所说："用不着武器，用不着肉体的暴力和物质上的禁制，只需要一个凝视，一个监督的凝视，每个人就会在这一凝视的重压之下变得卑微，就会使他成为自身的监视者，于是看似自上而下的针对每个人的监视，其实是由每个人自己加以实施的。"②

因此，女性要获得彻底解放，必须发展出一套属于自己的话语，改变男性制定的"标准化、正常化"的模式，摆脱"惩戒凝视"，发出自己的声音，通过话语去获取权力。女性的知识由于打断了属于男性的绝对真理的形成史而被排除在正式的权力历

① ［美］福柯：《性史》，张廷琛等译，上海科学技术文献出版社 1999 年版，第 98—99 页。

② Ramazanoglu, C. (ed.), *Up against Foucault, Explorations of Some Tensions Between Foucault and Feminist*, Routledge, London and New York, 1993, p. 191.

史之外，现在该是浮出水面的时候了。

如后现代女性主义思想家伊丽加莱所说，打破男性气质与理性、普适性的联系；发出“女性”的声音，创造出一套女性的符号，号召女性以自己的语言写作自己的故事，倡导女性写作自我表现的文本；将个人的经验与政治的问题联系在一起写作，她的主张就是写自己。[①] 拉康也说过，女性有进入线性思维领域的特殊能力，男性富有技术的目的性的理性，在与他人的对比中确定自己的地位。他建议女性创造不同于男性的文化，避免线性思维和男性的科学样式，提倡“圆形写作”，并认为它是女性身体圆形线条的反映。[②]

但是女性主义者也清醒地看到女性话语的产生只能是在社会结构性（包括男性霸权）的压迫下进行巧妙地“解构”；在“微观”层次对男权话语实行“抵抗”，正如女性主义者格洛兹指出的那样，要改变男性霸权话语，不是通过改革主义，而是对权力话语最脆弱的地方进行策略性的、局部的打击。只有在这种多元化话语并存的情况下，才能够动摇男性话语的霸权地位，也有利于女性话语的创造与生存。[③]

后现代女性主义在为女性主义开辟出一条新的路径的同时，也遭遇了很多批评。比如，它在消解男性的同时，也消解了反抗的意义，这在思辨层面上极具批判性，但在充满不平等的社会现

---

① Weedon, C., *Feminism, Theory and Politics of Difference*, New Publishers, 1999, p. 89.

② Agger, B. Gender, *Culture, and Power, Toward a Feminist Postmodern Critical Theory*, Pareger, Westport, Connecticut, London, 1993, p. 59.

③ 张广利、杨明光：《后现代女权理论与女性发展》，天津人民出版社 2005 年版，第 93 页。

实中，也表现不出更大的力量。[①] 比如后现代女性主义文本晦涩，在同一性和差异的辩论中站在差异一方，并且是在“本质主义”的意义上使用“差异”这个说法。苏珊·鲍多对后现代主义女权主义理论的主要信条也进行了强有力的驳斥，她承认抽象的类别区分，比如性别，从来不是纯粹的，总是会受到种族、阶级以及其他变数的影响；不过她也发现了存在差异的人也有许多共性。一旦将差异推向极端，这些差异会破坏任何已经提出的概念，剩下的将是一个完全由反例构成的宇宙。在这样的后现代主义宇宙中，一切关于群体经历的文化总结，无论是涉及性别、种族或阶级，都必须被否决。[②]

博尔多也指出，后现代女性主义强调多样性是有问题的，因为很容易导致机械地、强迫性地要求一切开明的女性主义规划都应严肃对待种族、阶层和性别。然而，一个人不可能既包含多条轴线，却还保持分析的焦点和逻辑中项。她也感到，后现代主义可能会严重损害女性主义的批判潜力和政治影响，她认为，让我们的制度“凭借后现代的异质性和不稳定来摆脱困境”还为时尚早。[③]

像霍克兹沃思、格罗斯以及许多女权主义者一样，巴多也认为，后现代主义荒谬地为统治者的利益服务，它阻止从属群体系统地表达他们的抵抗意识。芭芭拉·克里斯蒂安看得更远，她指出，那些勇敢和激进的批评家们的语言和讨论已经偏离了女权主

---

① ［美］罗斯玛丽·帕特南·童：《女性主义思潮导论》，艾晓明等译，华中师范大学出版社 2002 年版。

② ［美］约瑟芬·多诺万：《女权主义的知识分子传统》，赵育春译，江苏人民出版社 2003 年版，第 278 页。

③ ［瑞典］麦茨·埃尔弗森：《后现代主义与社会研究》，甘会斌译，上海人民出版社 2011 年版，第 97 页。

义的需要和方向，甚至是背道而驰的。换句话说，这样的批评话语变成了权力的工具而不是传播知识的工具。①

不过，志在解构的后现代主义与以女性为中心的女性主义之间的争执已渐趋缓和。后现代主义和女性主义在辩论中相互认识到对方的价值与自身的局限。不论怎样，可以肯定的一点是，“以新的概念秩序思考的时代已经到来。为强行达成的统一性，我们人类一直排除、放逐和疏远所谓不规范、背离常规和处在社会边缘的人群。作为这种排斥政策的结果，人类集体的力量分裂而衰竭。男人和女人都能在后现代女性主义那里得到启发，他们可以加入各种后现代女性主义者的行列，在对多元性的赞美中大大获益。因此，尽管存在各种批评，后现代女性主义依然是当代女性主义思想发展中最令人兴奋的发展之一”。②

二　后现代之于女性主义法学：意义与反思

后现代思潮形成之后，以迅疾的姿态影响了社会科学的发展。20 世纪的最后十年，“后现代主义”的基本主题以自己的方式进入法理学和法哲学，即在 20 世纪后半叶，向现代法学的基本理念发出挑战。后现代主义把矛头指向现代法律和法学的基本原则和理念，揭露现代法律制度和法律规则在维护现行统治、保护强者和富人的利益时，漠视和侵犯了弱者和穷人的利益。后现

① ［美］约瑟芬·多诺万：《女权主义的知识分子传统》，赵育春译，江苏人民出版社 2003 年版，第 279 页。

② ［美］罗斯玛丽·帕特南·童：《女性主义思潮导论》，艾晓明等译，华中师范大学出版社 2002 年版，第 307 页。

代主义研究者运用各种新的方法，采用不同于现代主流法学的认识论和解释方法，重新解释法律的基本原则，纠正法律的偏差。后现代主义否定理性个人作为法律主体的存在，否定对于法律发展的乐观描述，否定法律的普遍性意义，否定法律中立的原则，等等。[①] 这些观念影响了许多法学流派，女性主义法学也在其列。[②]

女性主义法学本是“一门研究两性在政治、经济和社会等方面的状况的法理学分支”。作为一个法律学术领域，女性主义法学兴起于20世纪50年代，在当代美国乃至西方法律思想界享有重要的地位，直接影响了包括性暴力与家庭暴力、雇佣劳动中的不平等对待以及基于性别（Gender）的各种歧视等众多的公众辩论和法律辩论。[③] 帕特丽夏·凯因（Patricia A. Cain）指出，从历史向度看，女性主义法学经历了“争取与男性形式上的平等”的第一阶段，发现“妇女有别于男性”的第二阶段以及进入“后现代主义”的第三个发展阶段。[④] 争取与男性形式上的平等，即女性应在法律上与男性享有同等的权利，比如男性有受教育权、劳动权、选举权，女性亦然。发现妇女有别于男性比如生理上存在差异，因此在劳动权利上，应当基于对差异的考虑而规定女性在“三期”所应有的差别待遇等，以体现实质的平等。这些为女性伸张权利诉求平等的主张，接近自由主义女性主义法学的理

---

① 信春鹰：《后现代法学：为法治探索未来》，《中国社会科学》2000年第5期。

② 本书为了统一，文中都使用“女性主义法学”一词，而不用女权主义法学。

③ 高中：《后现代法学思潮》，法律出版社2004年版，第129页。

④ Patricia A. Cain, *Feminist Jurisprudence: Grounding the Theories*, 4 Berkeley Women's Law Journal pp. 198－205（1989－1990），参见孙文恺《法律的性别分析》，法律出版社2009年版，第175页。

念。她们看到不公，也寻求解决不公的办法，但还没有将批判的矛头指向导致不公的社会结构，还只是在结构之中探索方案。后现代思潮进入历史之后，为女性主义法学提供了新的认识论和方法论：

其一，女性主义法学开始从整体上反思现代法学与现代法治。

20 世纪 60 至 70 年代，受后现代影响，女性主义法学中开始形成激进女性主义法学一脉。受后现代主义影响的激进女性主义法学与之前女性主义法学的一个基本区别就是把妇女的从属地位归咎于现代政治和法律结构，把男性和女性之间的关系看作是法律所支持的压迫关系。[①] 激进女性主义法学受到后现代主义理论的滋养，从在自由主义法学的结构之内寻求平等发展到否定现代法学的基本范畴。其代表人物有凯瑟琳·麦金农（Catharian MicKinnon）、卡罗·斯麦特（Carol Smart）、凯瑟琳·芭雷特（Katharian T. Barlett）等。[②]

激进女性主义法学以质疑构成现代法治之基础的“理性”范畴出发来批驳现代法学与现代法治对女性的排斥。在她们看来，妇女的“理性”和男人的“理性”是不同的，而现代法学体系得以建立的前提——“人类理性”中的“人”，仅仅就是指的“男人”，是以“男人”为“人”，是将“男人”的理性视为“人类”的理性。如果是这样，那么启蒙以来的自由平等权利以

---

① 信春鹰：《后现代法学：为法治探索未来》，《中国社会科学》2000 年第 5 期。

② 麦金农著有 *Harassment of Working Women*, 1979; *Feminism Unmodified*, 1987; *Toward a Feminist Theory of State*, 1989, 等等。卡罗·斯麦特著有 *A Different Voice*, 1990。凯瑟琳·芭雷特著有 *Feminist Legal Methods*, 1991; *Edited Feminist Legal Theory Reading in Law and Gender*, 1991。

及法治模式都是以男性作为唯一主体建立起来的。之前的自由主义女性主义法学对男女平等的法律权利的诉求，不过仍然是以男性为标准的诉求，据此建立的法治模型看似已经为女性提供了参与社会公共生活的可能性，但这种可能性是以忽视女性的存在和行动特征为条件的。这使得女性在传统的男性空间（比如行政机构、法院和立法机构）中不得不呈现出男性化的特质来确保自己的“成功”。在公共生活的领域中，女性化的特征仍然受到歧视，不论这种特征是体现在男性还是女性身上。受后现代主义影响的女性主义法学提醒我们，要注意这种以男性为唯一主体、以“理性”为基础构筑的法治模型，它在性别问题上的公正性是可疑的——在现代法治模型构造过程中，法哲学的概念构造层面是以男性为主体，整个法律知识生成过程中女性经验未能如男性一样受到同等对待，而在事实层面，法的制定者和实施者也多是男性(并不是说生理意义上的男性就一定不具有性别意识，而是从比例上讲，很难保证对女性经验的充分尊重)，那么，现代法治如何能足够公正地对待女性?

其二，女性主义法学开始对抽象、统一的法律解决方案进行质疑。

如上文所言，20 世纪 80 年代后期，尤其是 90 年代以后，女性主义内部的分化越来越严重，其中，后现代女性主义从对男女之间的差异的关注转为对女性之间差异的讨论，对以往女性主义者为所有女性提出的统一抽象的平等标准表示质疑。它反对宏观话语对性别本质主义的界定，质疑把身份看成一个固定状况的传统的理解；它注意动态的身份特征，尤其是一个人在不同的环境中如何体现自己的不同，努力防止女性受到“女性”身份和性别分类的束缚，让处于女性群体边缘地位的女性的不同声音和话语权不断得到体现。①

与此相应，美国女性主义法学也进入了多样化阶段。由于后现代女性主义者关注“差异”、否定建立一个一般性的统一、抽象的平等标准去解决妇女问题的可能性，受其影响的女性主义法学研究也更趋向于理解个人身份的复杂的特点，试图呈现妇女同时是受到男性压迫和自身女性身份束缚的双重牺牲品。她们强调妇女之间的不同、强调不同群体的妇女所经历的歧视不同，而且注意到妇女在用不同的方法来应付歧视和压迫，需要关注以往被忽略的处于边缘地位的女性亚群体的状况。由于认识到这种复杂性，对后现代女性主义者来说，从不同群体妇女的不同角度来考虑法律政策要比单一的、无法实现的女性主义平等策略更合理。因为任何一般的抽象的方法不大可能满足所有女性的需求，实现平等的目标。②

因此，法律需要在共性与差异中寻求平衡。对于如何在法律中体现和解决“差异性”问题，受后现代影响的女性主义法学给予了启示。如我们所知，女性主义需要处置两组差异问题，一是女性内部的差异，一是男女之间的差异。对于前者，法律在制定时仍然要以女性之间存在的共性为基础，以绝大多数人的利益为主，因为她们毕竟都是“女性”，这是她们形成统一联盟的根本。但是对于其内部的差异要给予同情，以程序的公正保障最终利益倾向的合法性，如立法过程保证充分的民主，听取边缘群体者的

① 刘小楠：《美国女权主义法学平等与差异观研究》，《法制与社会发展》2005年第3期。

② 同上。

意见，并在制度中为其权利的主张留有余地。对于男女之间的差异和共性的问题，则需要确立立法的基本原则，保护基于生理性别的男女差异，因为这是天然而不可改变的，例如妇女在怀孕期间的特殊照顾等等。但对于男女社会性别上的差异则应当在法律中逐渐淡化直至消除，即剔除人为构建的不平等。需要强调的是，生理和社会性别的不同差异必须加以细致的区分，并且在消除社会性别差异时应循序渐进，否则当社会整体意识尚未转变时，过于超前的法律规定会使女性处于更加不利的境地，法律在此情形下应以不强化社会性别差异为当务之急。

其三，女性主义法学开始对法律普遍性原则对少数族群利益的遮蔽进行批判。

法律的普遍性是现代西方法学中对法律属性的一个基本认定。在后现代主义学者看来，法律的普遍性就像现代主义用“合法性宏观话语”解释历史一样，不过是宏观话语的一种表达。利奥塔在“后现代状况”中写道，这类宏观话语赋予零散的社会和政治实践以合法性，它们能够包容、确定和评价所有其他的话语，自己却不会受到多元化和偶然性的干扰。其使命就是讲述一个关于整个人类的法律故事，因而被称之为“宏观历史叙事”。利奥塔指出，后现代社会是告别整体性和统一性的社会，所以类似于法律普遍性这样的宏观历史叙事已经完成了使命。法律对不同的社会群体具有不同的含义。每一个社会群体都有自己的主张，都有自己的关于什么是公平、正义和美好社会的观念。所以，单一的正义、公平观念不再存在了，取而代之的是多元的、局部的、以多种方式存在的正义。不仅如此，每个领域还具有自己的“话语”，宗教、科学、哲学、艺术，都是不同“话语”的表现。不同的话语领域有自己的价值、逻辑和模式，生存在同一个空间。所以利奥塔认为，后现代社会的特点是“社会结合”，它是一张由零散的线编织的网，没有任何一根线可以把所有的线串起来。个人是这张网中的交结点，但是交结点不是单一的，而是具有多重身份的。例如，现代社会的人可以被分成无产阶级和资产阶级、统治者和被统治者、男人和女人等大的范畴，而在后现代社会，人们同时生活在多个不同的社会层面，无产阶级也可能持有大公司的股份，资产阶级也从事社会公益事业，妇女中有同性恋者，一种商品的消费者可能同时又是另一种商品的生产者或者服务的提供者。人的社会身份因时因地而不同，更何况人的心理是复杂的，他们自身就是具有不同的角色冲突的个体。所以，法律的普遍性在后现代社会的多元化面前显得空泛和远离实际。更为有害的是，法律的普遍性理念掩盖了法律代表权力的本质，对于处在社会边缘的群体来说，普遍性的法律很可能是压迫性的，因此后现代法学呼吁法律的多元化和对个别群体的容忍。

后现代对法律普遍性的质疑，有助于女性主义法学揭示普遍性为特点的现代法律对以女性为代表的各种社会中少数族群利益的遮蔽。在过去的文明中，女性以非理性之由被传统排斥在外，少数种族以不文明为名被排斥在外。法律长期以来往往被用于约束、用于压制另类声音。① 教条化的普遍规则掩盖甚至否定了社会非主流群体的要求和体验，在这样的法律环境中，妇女的经历和感受可能被极大的忽略，或者，如果妇女强调自己的社会体验和价值标准，就会被社会视为异端。尽管一些抽象的权利保护原

① ［英］韦恩·莫里森：《法理学》，李桂林等译，武汉大学出版社 2003 年版，第 544 页。

则和妇女的生活体验相距甚远，但因为它代表了主流社会的标准，所以很少被质疑。后现代女性主义法学的任务之一就是瓦解现代自由主义法学的普遍性原理，呼吁以妇女的视角来审视法律，要求法律体现妇女的要求和价值观。

后现代主义为女性主义法学翻开了新的一页，在此基础上逐渐形成的后现代女性主义法学成为当代极具解构力和批判力的法学思潮之一。当然，正如后现代主义也有饱受诟病的一面一样，后现代女性主义法学也面临着一系列的理论与现实困境。

问题之一是相对主义的悖论。

后现代女性主义法学对“差异”的推崇，表明它持有相对主义的价值立场。相对主义的优点是能对社会的多元持有一种始终包容、无所不可的态度，即并不需要一个恒定、固有的标准伫立在多样化、差异化的社会中作为唯一的标杆，这就能避免任何一种绝对权力的诞生。不过这一立场也可能会带来女性主义法学在理论和政治实践上的无能。因为这毕竟还是一个男性父权制居于统治地位的、还存在很多事实上的性别不平等的世界。由于政治依然是主要的利益博弈方式，这些性别不平等需要积极的政治措施去加以改变。当女性尚未取得主导权时，主张女性的包容实在是弱者的自欺欺人，而且，相对主义若走向极端的话，会在既得权力面前呈现一种无所作为的姿态，而无所作为就等于变相的纵容。一种对相对主义的认识是，极端的相对主义只能出现于特定的历史时期，对于女性主义而言这个条件就是社会实现了彻底的男女平等。相对主义的价值体现在提高社会整体的自由和宽容度，呈现生活的多元和丰富性，但在条件尚未成熟时，相对则只能来自或者准确地说有利于主流群体，它常常与无为是同义的，保持现状对于改变弱势群体的现状意义不大，对居于被统治地位的个人和团体而言，相对主义是歪曲的意识。

因此，后现代女性主义法学在相对主义上陷入的误区是：第一，讨论这一问题的时间可能过于超前。女性主义法学的相对主义只可能演变为对既得利益者统治地位的法律确认，而男性总是在其权力已经确立的前提下指责妇女以恶制恶，其根源在于这原本就是建立在不平等基础上的对话。从这一点来看，“前卫”的后现代女性主义法学在法律的变革问题上实际上是极端保守主义者。第二，相对主义是需要附加条件的。因此问题的关键不在于是否需要相对，而是什么背景之下的相对。因此，除非一个社群的道德值得信赖，否则女性主义的相对论就没有义务去容忍、更不用说去尊重这个社群的标准。女性主义者在决定信任一个社群的道德标准之前，必须对它的道德方法做出基本判断。如果这个社群的标准是真正民主对话的结果，那么，不管这些标准是否令人不安，女性主义的相对论者都应该包容、甚至尊重它们。

问题之二是多元文化并立是否可能。

反本质主义的后现代主义对于文化持有“多元文化并立”的态度。多元文化主义通常被定义为一场“社会知识运动，它提倡多样性价值，以此作为核心原则；它坚持所有文化群体都应该受到尊重和同等对待”。[①] 多元文化并立也往往被认为是社会文明与进步的标志，它是后现代主义所致力追求的目标，甚至有人认为多元文化应当到达这样的境地——“当任何一个人的特性成为

① ［美］罗斯玛丽·帕特南·童：《女性主义思潮导论》，艾晓明等译，华中师范大学出版社2002年版，第317页。

衡量人性的标准之一时，太平盛世就降临了”。[1]

但是在20世纪80年代末和整个90年代，多元文化主义呈现出减弱社会团结力量的态势，它妨碍了人们形成对抗不合理制度的联盟并因此受到激烈的批评。这或许还只是表层的问题，根本问题是，多元文化在逻辑上是否真正可能并立？如果并立，法律又以何种方式去反映多元文化的价值和不同族群的利益？也就是说，人们在主观上可能是希望多元文化并立的，但是社会中“优胜劣汰”的法则的存在，会不以人的意愿为转移地使得弱势文化被吞噬。法律该如何去阻止这个过程的发生？例如，后现代女性主义法学认为白人妇女和黑人妇女之间的利益要求是不同的。白人妇女期望能够同男性一样从事社会工作，家庭的责任由男女双方或者雇用家政服务者完成。而黑人妇女认为，白人妇女将大部分的时间花费在自己的家庭中正是她们梦寐以求的生活，她们抱怨承担了与男性同样多的社会工作。白人与黑人妇女的利益如何共存？法律怎样制定才是合理的？针对不同肤色的妇女制定不同的法律？即使我们假定真有分别针对白人和黑人妇女的法律存在，那么中产阶级和其他阶级妇女的利益又如何兼顾，发展中国家和发达国家妇女的利益呢？还有建立于其他差异之上的妇女之间的利益又如何平衡？后现代女性主义法学对于法律的要求听起来像是一场难圆的美梦。因为法律作为具有普遍效力的规范，难以照顾到无限细分的不同利益，如若让每一种类别的群体都声张其利益的合理性，社会可能陷入所有人对所有人的战争中。法律的过于特殊化会损害它的普遍性，最终法律只能选择倾

① Mary Joe Frug, “A Postmordern Feminist Legal Manifesto”, *Harvard Law Review*, 1992, (105).

向于一方的利益。但是问题并未到此终结，如果就此否定一切多元主义的提法，那么人类将丧失一个最宝贵的特质——宽容。换言之，主张多元文化实质是主张不要专制武断地否定与批判，而是尽可能地给“异类”一息生存的空间。即使最终将宣布它的“死刑”，结论也必须建立在理性和平等对话的基础上。于法律而言，如上文提到的女性之间的诸多差异，则应当在法律制定中为特殊群体的利益保护留有余地，而对于法律最后的倾向则应向社会大众充分说明。

问题之三是失去“女性主体”之后何处去。

后现代女性主义诞生之前的种种女性主义理论，其存在的前提之一就是认同具有共同利益的“女性”群体的存在。这是一切以女性主义命名的流派共同的前提预设，无论她们的主张有多么不同，解决的路径有多大分歧，但至少这一共同的命题使她们成为一个利益团体。然而，何谓“女性”？在定义女性的同时，也就定义了男性，等于是默认了二元的存在，主张了本质主义的认识论。而且，女性的多样性也难以为一个定义所完全涵盖。奥利弗曾说：“在美国，女性主义者正在奋力斗争解决这同一个问题。女性主义运动已经不能不去认识，正是白人中产阶级运动起着排斥妇女的作用，排斥了那些在利益和需要方面有所不同的妇女。”[①] 在后现代女性主义看来，女性之间的差异甚至超过了女性与男性之间的差异，但是女性主义正是针对男女之间的差异而提出来的。因此，后现代女性主义拒绝任何分类和概念，其中就包括“女性”本身，它必须消解“女性”这个概念，这是后现

① Catharine A. Mackinnon, *Towarda Feminist Theory of the State*, Cambridge: Harvard University Press, 1989, p. 188.

代女性主义的理论基础。但是，取消“女性”这一概念又会给女性主义带来几乎毁灭性的打击。没有“女性”，也就消解了女性的主体身份，缺乏女性的主体身份，女性主义运动的政治性不仅是减弱，而是会被彻底瓦解。后现代女性主义所受到的一个最尖锐的批评就是：“你不可能同时是女性主义者又是一个后现代主义者。”① 即“后现代女性主义的不可能性”。

尽管后现代女性主义辩解说，个人的就是政治的，但女性主义运动内部一直在批判后现代女性主义的非政治性或后政治性（post political）。其主要理由是：在女性刚刚成为她自身权利的主体之时，后现代主义就剥夺了女性在普遍人性中的权利。如果取消了“女性”这一概念，女性如何能组织起来发展新的正面身份？如果根本就没有“女性本质”，更不会有把女性团结在一起的姐妹情谊这种精神了。② 反对后现代女性主义法学的人们反对对主体性的解构和对主观能动性的质疑。其中最有代表性的观点来自哈索克（Nancy Hartsock）。她不无激愤地说：“为什么正当我们当中的许多人刚刚开始打破我们一直被迫保持的沉默，刚刚开始提出为我们自己命名的权利要求，刚刚开始作为历史的主体而非客体来行动，主体的概念本身却成了问题？正当我们要形成我们自己关于世界的理论之时，世界是否能被理论化这种非确定性却被提了出来。正当我们开始讨论我们所要求的变革之时，进步的理念和系统性、理性地组织人类社会的可能性却变成不确定和值得怀疑的了。”③ 当女性由沉默走向以主体自居时，主体的

① 王逢振编：《性别政治》，天津社会科学院出版社 2001 年版，第 2 页。

② A. M. Jaggar, I. M. Young, *A Companion to Feminist Philosophy*, Mass. : Blackwell Publishers, 1998, p. 81.

③ Ibid. .

概念却又成为问题。这一质问颇有深意——女性一直被当成历史的被动客体，正好在她们意识到这一点，想做历史的主体可还没有做成之时，主体竟被否认了——言外之意似乎这里有一点阴谋的味道。后现代主义内在的多元主义、相对主义，最终导致了个人主义政治，取消了女性主义政治。丧失了“女性”这个分类，使女性主义法学理论失去了稳定的基础，导致了深刻的不安和身份威胁。①

① 王逢振编：《性别政治》，天津社会科学院出版社 2001 年版，第 4 页。

第二章

后现代女性主义与我国法学研究

一　女性主义法学在我国

男尊女卑的观念在中国由来已久。直到近代，西风东渐，男女平等、女权主义的思想也由大洋彼岸传入中国，成为中国向现代转型的推动力量之一。觉醒的中国女性纷纷投身到历史洪流中，为民族国家的建立做出了卓绝贡献。之后因种种原因，女权、女性主义一类曾经参与了现代中国之形成的理念渐渐被屏蔽和遗忘。男女平等在社会主义国家也被虚构为完成时，尽管事实上它更多是字面上的承诺和在征用女性时的宣传策略。男女平等或女性问题再度作为一个重要议题引起社会各界关注，始于1995年联合国世界妇女大会在北京的召开。此次大会让中国学者开始注意到，“社会性别”（gender）这一西方女性学中的理论范畴对于性别不平等的成因有着非凡的洞察力。社会性别在中国的主流化进程由此开始。法学界也积极响应，在将社会性别的思维纳入法律分析的过程中，逐渐开启了我国的女性主义法学研究。[①] 有关妇女权益的法律的制定和完善及其在社会中发挥的实际作用则证明着女性主义法学研究的重要价值。下文中，笔者将从我国女性主义法学研究开始的社会背景、研究的必要性、研究现状及存在的若干问题等多个方面对我国女性主义法学研究状况进行全面梳理，并在对研究进展做出总体把握的基础上，探索后现代女性主义法学在我国的发展空间。

（一）我国女性主义法学研究开始的社会背景

西方第二次妇女运动浪潮之后，全球范围内对提高妇女地位、实现男女平等的呼声高涨，具体表现便是联合国这一重要的国际组织通过发表宣言、召开妇女大会和要求成员方缔结公约的形式敦促各国消除对妇女的歧视。如 1967 年联合国大会通过了《消除对妇女歧视宣言》，目的是在法律上确保男女权利平等；1979 年通过了《消除对妇女一切形式歧视的公约》（简称《消歧公约》），规定各国政府承担义务并采取一切措施，保证妇女在与男子平等的基础上行使和享有人权与基本自由，此公约还进一步明确表示，只通过法律是不够的，各国政府必须确保妇女事实上能行使法律所赋予的权利。1982 年联合国成立了消除对妇女歧视委员会，以检查和监测各国政府执行《消歧公约》的情况。

联合国于 1975 年在墨西哥城召开了第一次世界妇女大会，

① 我国目前还没有形成能以女性主义法学命名的统一的学术共同体。“女性主义法学研究”在本章节作最广义解，指国内已有的一切与女性和性别议题有关的法学研究。

通过了《关于妇女的平等地位和她们对发展与和平的贡献的墨西哥宣言》，宣言中将男女平等定义为：男女平等是指男女的人的尊严和价值的平等以及男女权利、机会和责任的平等；1980 年在哥本哈根召开了第二次世界妇女大会，通过了《联合国妇女十年后半期行动纲领》，特别强调就业、保健和教育是妇女发展的重要组成部分；1985 年在内罗毕召开了第三次世界妇女大会，通过了关于 20 世纪末十五年妇女发展蓝图的《提高妇女地位内罗毕前瞻性战略》，在平等方面确定了三个基本战略的类别，即宪法和法律的步骤、社会参与方面的平等、政治和决策方面的平等。纵览联合国半个多世纪以来在实现男女平等、消除对妇女的歧视等方面所有的举措，不难发现，其核心内容就是各国应发挥法律在保障妇女权益上的积极主动的作用，并通过各种途径使法律权利变为现实权利。国际环境如此，身处全球化背景下亟须与世界接轨的中国于 1995 年在北京成功举办了第四次世界妇女大会，“社会性别”随大会的召开不胫而走，成为之后中国性别研究中援用率最高的理论概念之一。

如果国际世界上对保护女性权益，消除对妇女歧视的共同呼声可视为我国女性主义法学产生的国际环境，那么，法学界已有的理论积淀、法律规定与女性实际权利状况之间存在严重落差的社会现实则共同构成了女性主义法学诞生的国内环境。

严格意义上的、运用性别理论研究法律问题的学术研究在我国开始的时间并不长。但作为一种学术工作的对西方女性主义法学的引介，早在 20 世纪 80 年代初就已经开始。这个工作主要是由法理学界来完成的，其中包括将女性主义法学作为后现代法学理论中的一脉进行的介绍，也有对西方女性主义法学理论流派的专门介绍。当然，其中还有为数不多、珍贵难得的经典翻译工作。[①] 经过这些学者的努力，西方女性主义法学的来龙去脉及其对于社会发展的积极影响逐渐为法学界所知。作为女性主义法学研究的核心分析概念的“社会性别”概念的引入，则始于20世纪90年代在北京召开的“世妇会”。这次会议提出了社会性别主流化的观念，要求各国将社会性别意识贯穿于整个社会政策的制定、执行和评估的全过程，并以实现性别平等作为社会政策的目标之一。自此，社会性别也成为我国女性主义法学研究中重要的甚至是唯一的理论工具。

再看社会现实层面。近现代以来，在西方男女平等的现代观念的影响和众多革命者、社会活动家、学者们的推广呼吁之下，中国社会中已逐渐树立起男女平等的观念。1949年新中国成立之后，男女平等的观念写入了法律，宪法和各部门法对男女平等的精神都有所体现。正如有研究表明的那样，中国女性的“法律”地位，字面上是不低的，甚至是很高的。[②] 但是，“60年的形式平等的保护和基于两性生理差异对妇女的特殊保护，并不足以消除对妇女的歧视和长期存在的男权文化与偏见”，近三十年的改革开放所建立的市场化政策又“激活了一些不利于女性发展

---

① 将女性主义法学作为西方（后）现代法学学派中一脉予以引介的著述，参见吕世伦《现代西方法学流派》（下），中国百科全书出版社2000年版；朱景文《当代西方后现代法学》，法律出版社2002年版；专门就女性主义法学展开全面介绍和评述的，参见王丽萍《解读女性主义法学》，《民商法论丛》第29卷；对国外重要的女性主义法学论著的翻译，参见［澳］玛格丽特·桑顿《不和谐与不信任》，信春鹰等译，法律出版社2001年版；［美］凯瑟琳·A. 麦金农《迈向女性主义的国家理论》，曲广娣译，中国政法大学出版社2007年版；［美］朱迪斯·贝尔《女性的法律生活——构建一种女性主义法学》，熊湘怡译，北京大学出版社2010年版。

② 刘鸿雁、解振明：《中国妇女地位问题研究》，中华人民共和国国家人口和计划生育委员会网站，2004—3—26。

的偏见和习俗”。[①] 中国女性的社会处境并未因法律上翔实细致的规定而得到改善，甚至在某些方面是更糟了。这里面当然有相当复杂的原因，不能简单归结为法律的不完善或是没有落实。但这也的确给法学研究者提出了新问题：为什么充分体现了性别平等和对女性的特别保护的法律，并不足以给女性在社会层面带来真正的平等？从形式上的法律权利到实质上的权利实现，该经过哪些环节？法律本身是否真的足够完善，比如立法者在立法的时候是否将我国的结构性的男女不平等现实考虑进去？法律条文中是否依然存在某些具有性别偏见或歧视色彩的用语而这些用语不过是男女不平等的现实在法律上的投射？在法律的实践过程中是否充分的纳入了性别视角？法学研究者本人是否真正具备性别意识，如果没有，是否又具备平等、开放的心态来接受女性主义并从女性主义立场来研究问题？等等。这些问题都对我国的法学研究构成挑战。正是在这样的国际、国内环境下，在理论和现实的双重需要下，我国女性主义法学研究开始起步并逐渐生根发芽。

（二）我国女性主义法学研究的必要性

西方女性主义法学的诞生有其自身的规律，离不开特定的学术环境、政治生态及社会文化。我国没有发生过像美国那样在社会整体乃至世界范围内造成广泛影响的女权主义运动，法学研究一直在学习西方与本土化之间寻找定位，学术影响社会的渠道和方式也与西方不同，但这并不意味着我国的法学研究就可以拒绝女性主义这一当今世界重要的理论思潮。相反，有充足的理由可

① 黄列等：《性别平等与法律改革——性别平等与法律改革国际研讨会论文集》，中国社会科学出版社 2009 年版，第 200 页。

以证明我们需要开启和推动中国的女性主义法学研究。

1. 性别不平等现象的普遍性

正如女性主义者的重要代表波伏娃所说，女性在全世界范围内都是一个受压迫、受歧视的等级，是附属于男性的“第二性”。在人类社会漫长的历史中，如果说有哪种社会结构是跨历史、跨文化和跨意识形态而普遍存在的，那么毫无疑问，性别不平等的社会结构可以列入其中。在出现恩格斯所说的“女性具有世界意义的失败”之后，这种性别不平等长期、普遍地存在于男权社会中，并未随社会的发展有所改观。当阶级冲突、种族迫害等问题在某些社会逐步有所缓解的时候，女性作为一个群体或者阶级的共同命运并没有得到改善，即便是在社会地位较高的阶层或种族内部，女性在社会资源的占有量和分配机会等方面依然难与男性平等。另外，即便是在不同年代和不同文化中，部分男性也受到压迫，但他们是由于属于某个阶级或阶层的成员而受压迫，不是由于他们是男性而受压迫。女性则不同，除了因为属于某个阶级或阶层之外，还会仅仅因为身为女性而受压迫。女性问题或者性别不平等问题，存在于任何时代和任何社会之中，是超越了意识形态的差异而普遍存在的。即使是在美国这样一个西方第二次女性运动浪潮的发源地，职场的性别不平等现象依然大量存在，与性别不平等有关的家庭暴力、性骚扰、强奸等问题也并不少见，而且性别问题也与种族的、阶层的问题交织在一起使性别不平等呈现更为复杂的形态。

我国的性别平等当然也处于未完成时。目前有关性别平等存在多种测算方式。1990 年，联合国开始发布全球性的人类发展指数，这里的指数，即综合计算多项指标之后得出的数字结果和排名，可以显示出各个国家的发展水平和比较状况。1995年，联合国开始在人类发展指数下专门发布性别相关的指数，到目前，普及度较高的全球性别指数有两种：联合国的性别不平等指数（GII）及性别发展指数（GDI）。另外还有达沃斯世界经济论坛的性别差距指数（GGI）和经合组织的“社会制度和性别指数”（Social Institutions and Gender Index，SIGI）等。不同指数选择的测算指标也有差别，但不论是依据哪种指数，我国的情况都不能说良好。例如，2014年中国在世界性别差距指数①中的排名比2013年下降了18位，在142个国家中排第87名。性别不平等的问题依然比较严重。那么，如何来缓解性别不平等问题呢？不同国家有不同国情，缩小性别差距的方案也各有不同。但不能否认的是，除了经济的不断发展、文化上的不断反思和变革，通过法律手段来减少性别不平等的现象仍是世界各国普遍采用的方案。法律不仅在各种规范中具有最高的权威，更反映了对此问题的国家态度。法律的制定和有效实施，往往是女性利益得到落实的重要保障，西方女性主义法学通过影响司法从而对女性境遇有所改变，就是有力的证明。在性别不平等依然很严重的我国，自然也应当在法学领域里开启直接针对性别领域中的问题的专门研究，女性主义法学的存在与发展成为必然。

2. 我国法律现代化进程的不可逆性

我国的法律现代化进程从近代开始，迄今已经历晚清、民国

---

① “全球性别差距报告”是一份展示男女在经济地位、学习机会、政治参与及卫生福利四个范畴中的差距的报告，由世界经济论坛发布，首次报告于2006年在瑞士发表，其后每年发表一次。报告主要是通过调查和统计的方式，针对健康、教育、政治参与和经济平等四个领域的性别差距缩小能力进行综合评估。2013年10月25日，《2013年全球性别差距报告》发布，在男女平等的问题上，中国总体得分上升，排名与2012年持平，保持第69位。

和新中国这三个时期。通常认为，法律现代化包括法律制度的现代化、法律运作体制的现代化和法律文化现代化三个组成部分。作为后发型的国家，我国的法律现代化不可避免要以西方作为学习和参照的对象，同时，再结合我国社会的自身发展规律，创造适合我国的法治模型。法律现代化的进程一旦开启便不可逆转，即我们只有在不断的移植、借鉴、反思西方法律的同时，汲取传统法律制度和文化中的精华，去探索适合我国的法律现代化模式，不可能再完全回到传统法律制度和文化中去。

需要注意的是，在西方法律的发展进化史中，性别平等所倡导的自由、公平、正义，是完全符合法律的现代精神的。性别平等作为社会广为接受的基本价值理念，已经融入西方法律的精神内涵之中，成为推动社会进步的重要动力。性别平等是法律现代化的应有之意，这也应当成为我国法律现代化进程中理论和实务界都达成的普遍共识，我们还必须承认目前在社会层面广泛存在的性别不平等是当前法律现代化进程中无法回避的问题。如果法律现代化忽视性别平等的问题，其现代化的目标就无法实现。那么，接下来的问题就是，如何进一步吸收和借鉴西方女性主义法学的优秀成果，并使之与我国法律现代化的任务相结合，开创性地构筑一个新的思想理论体系，这不仅对于我国当前的法律现代化建设，而且对于世界法律文化的未来发展，都可能产生一定的积极影响。

3. 女性主义法学本身具有批判性和进步性

相比之前的法学理论，女性主义法学的最大特点——同时也是对法律发展的最大贡献之一——就在于它为世人提供了一个认识法律的全新视角，即性别的视角。在女性主义法学诞生之前，法学家们所关注和思考的，不外是如何在历代哲人、学者精心构筑的理论基石上，将法律这座大厦的内部结构打磨得更为精细，使之成为一个逻辑上无懈可击、价值上日臻完美的规范体系。但这样的视角始终存在一个盲区，因此也认识不到一个自人类社会有法律以来就存在却一直被遮蔽的事实：法律是有性别的。法律这座大厦可能完全是以男性为标准，按照男性认知世界的方式构筑起来的。女性进入到法律世界，成为其中那个与男性分庭抗礼的“主体”的一部分，只是近代以来一个很短的时间内发生的事。女性主义法学汲取了女性主义运动的成果，深刻地认识到法律当中隐藏的性别倾向，揭示了一个没有性别视角的人所看不到的法律真相。将法律视为某些阶层、种族的利益的代表，并对其公正性予以不断质疑的研究思路，批判法学已经尝试过，但是只有到了女性主义法学阶段，才将这种批判延伸到性别领域中来。针对历史和现实的法律和法学中充斥着男性话语霸权和对女性的歧视与贬抑的现实，女性主义法学代表人物，法学教授凯瑟琳·麦金农曾提出了一个疑问：女性能通过用法律来要求真实的平等而成为改变国家和女性关系以及改变女性和男性关系的一部分吗？事实上，这一疑问中所隐含的对法律理想状态的期望也正是女性主义法学所追求的目标。

女性主义法学对法律的批判是由表及里，层层深入的。如果说自由主义女性主义法学还只是要求法律承认女性具有和男性同等的权利，并没有在批判的道路上走很远的话，那么受后现代思想影响的激进女性主义法学，就是将批判视为己任。激进女性主义法学进一步质疑按照男性标准建立的法律，认为“男性对女性的社会权力通过法律而延伸，……这种法律通过再制造出女性对于男性的社会不平等而得到它的权威，这是合法的不平等，是生活和法律的无缝之网”。[①] 正是通过这种不断的质疑、批判和诉讼行动，女性主义法学推动法律向更公正的方向发展，使女性在法律上得到实质意义上的平等对待。这意味着女性主义法学具有鲜明的进步意义。女性主义法学除了指出法律的性别倾向所暴露的人类社会制度设计中的缺陷，使人们意识到人类社会长期隐蔽的各种不公、法律与这些不公之间的关系，还预告了一种更值得期盼的法律的未来，这就是随着性别界限和隔阂的消除，法律也真正成为公平和正义的象征。正因如此，女性主义法学以其独特的方法论剖析法律问题，用社会性别视角观察历史、文化、社会现象，展现出与以往法学理论研究的不同进路，这已成为我国社科领域里的一个新的发展趋势。[②] 同时，女性主义法学也将促使我国法学研究摆脱本质主义男权思维的窠臼，往更新的方向发展。

不夸张地说，作为从批判的立场来审视人类社会中绵延已久的各种不公平现象的法学思潮，女性主义法学通过将学术研究和社会运动的重点聚焦在对女性、有色人种及一切处在受歧视和压迫地位的群体的权益保护上，为人类社会的法律向公平、正义的方向迈进做出了卓绝贡献。我们有理由相信，“它不仅会影响未来的妇女权利，而且会影响未来我们对法律实体的看法”。[③]

---

① ［美］凯瑟琳·A. 麦金农：《迈向女性主义的国家理论》，曲广娣译，中国政法大学出版社 2007 年版，第 355 页。

② 左际平：《从多元视角分析中国城市的夫妻不平等》，《妇女研究论丛》2002 年第 1 期。

③ Jacqueline St. Joan, *Women and the law*, *Women's Studies*: *Thinking women*, Kendal/Hant Publishing Company, 1993, p. 394.

（三）我国女性主义法学的研究现状

从20世纪90年代社会性别概念引入法学界算起，我国女性主义法学研究已走过了十余年的发展历程。在这十余年间，学者和实践者们从不同方向入手和发力，在女性主义法学理论和涉及女性权利保护的相关法律的制定上，都取了实质性的进展。但是从总体上看，掣肘着我国女性主义法学发展的因素还很多，前景并不容乐观。当然我们也要为它的发展预留想象的空间，相信作为21世纪最具活力的社会思潮之一的女性主义迟早会给我国法学研究带来观念、思维和方法上的启迪。下面，我们先看看，我国目前已取得了哪些进展，这些研究又具有哪些特点。

1. 在研究的学科类别上，已形成法理学为主导，部门法共同参与的良好局面

我国较早对世界范围内的女性主义浪潮做出回应的是法理学界。法理学领域的研究分两类，一类是引介性质的，即通过翻译和评介西方女性主义法学著作，让国内学人获知这一西方法学前沿理论的最新动态。这其中，翻译的作品并不多但皆可称为女性主义法学的经典之作；介绍性的文字则见于法理学著作中，有将西方女性主义法学置于西方（后）现代法学发展脉络中所做的概要性的介绍，也有专门的论作对女性主义法学产生的内在动力、思想渊源，女性主义的法律方法及其重点关注的问题所做的全面梳理。[①] 倘若不严格要求体裁与行文，一些学者从女性主义法学

① 相关代表作品之前注释中已经说明，此处不再赘言。

角度对文学或戏剧作品所做的解读、随笔性质的学术文章，也可归入此类。[①] 法理学领域里另一种类型的研究，是明确使用“社会性别”这一分析工具来剖析法律参与构建性别不平等的社会现实的过程，并在此基础上形成了“性别与法律”这一研究方向。[②] 法理学界的这两类研究对我国女性主义法学发展的贡献堪称奠基性的。

女性主义法学具有极强的现实批判精神，时刻关注法律制度在女性权益维护问题上的缺漏，其中包括对各部门法中存在的性别歧视进行批判，寻找解决问题的法律方案。我国部门法中的女性主义法学研究也不少，不同学者运用社会性别分析方法，指出了宪法、劳动保障法、婚姻家庭法、继承法、诉讼法、国际法等法律中存在的性别盲区并在此基础上提出了完善的建议。[③] 理论上的深入推动了法律制度的革新，在反家暴、反性骚扰和劳动权益保障等方面，我国的法律在不断地建立和完善，部门法领域的学者对此贡献卓著。[④] 因此可以说，目前我国已形成以法理学为主导、部门法共同参与的女性主义法学研究领域。

---

① 如郑戈：《法律的性别》（北大法律信息网 BBS）；强世功：《文学中的法律：安提戈涅、窦娥和鲍西亚——女权主义的法律视角及检讨》，《比较法研究》1996 年第 1 期；冯象：《小头一硬，大头着粪》，《读书》2003 年第 11 期。

② 如周安平、孙文恺等人运用“社会性别”理论对法律与性别互动关系的研究。见周安平《法律与性别——性别平等的法律进路》，法律出版社 2007 年版；孙文恺《法律的性别分析》，法律出版社 2009 年版。还需提到的是此处难以归类的同性恋问题研究：郭晓飞《中国法视野下的同性恋》，知识产权出版社 2007 年版。

③ 如薛宁兰、夏吟兰、陈苇、李明舜等在婚姻家庭继承法领域，柳华文、白桂梅、朱晓青等在国际法领域的研究。

④ 如陈敏在反家暴立法、薛宁兰在反性骚扰立法、郭慧敏和魏敏在完善劳动保障法律制度方面都做出了积极努力。

2. 在研究基地和社会影响上，已形成以中国社科院法学所为起点，各地高校与研究机构积极参与和推动的格局①

法学思潮的形成离不开学术共同体的合力推动。正如我们所熟知的20世纪70年代在美国兴起的批判法律研究运动，便与威斯康星大学这一重要的法社会学研究基地的活动密不可分。在我国，中国社科院法学所是最早将社会性别纳入法学视野并展开系列研究的学术机构之一。2002年9月，该所成立了我国第一家明确亮出“性别”视角的法律研究机构——“性别与法律研究所”；2005年，同为该所研究者的陈明侠和黄列共同主编了我国第一部专门论述性别与法律关系的论著式教材《性别与法律研究概论》，弥补了国内这方面教材上的空白。另外，该所还通过授课、召开学术会议、与国外基金会合作的方式，在实现“社会性别”在我国法律领域的主流化方面做了大量工作。近年来，各地也多次召开从法律渠道消除对妇女歧视的会议，如2004年9月在贵阳召开的“中国—欧盟性别与法律研讨会”、2006年11月30日中国法学会召开的“反对家庭暴力网络全国网络会议”、2008年5月17—18日在北京召开的“社会性别与法律改革国际研讨会”、2009年10月24—25日中国社科院法学所性别与法律研究中心主办的“性别与法律研究：成果·问题·行动”网络年会等。总体来看，国内目前已形成以中国社科院法学所为重镇，各地高校与研究机构积极参与和推动的研究格局。

① 因受制于“学术研究”这一表述，文中未提及对我国女性主义事业做出重大贡献的民间组织。

3. 在研究问题上，已在认识论和法律事实两个层面形成丰富的研究议题

女性主义法学涉及的问题面非常之广，在宏观上有“父权制与控制”以及“女性的正义感”等问题，在具体社会问题层面，对女性的暴力、生育（堕胎）、色情作品、性骚扰等都属于女性主义法学集中关注的领域。[①] 我国的女性主义法学在国内和国外经验的交互影响下，目前已形成了相对稳定的研究主题。

其一，女性主义法学认识论方面的探索。西方现代法学的认识论建立在实证主义对事实的认知之上，根据这一认识论，经验的世界一般被当作客观的世界，它是由内在规律加以控制的，并且这一规律是自然形成的，人可以通过理性去发现并认识这个客观世界，法律以科学和理性为基础，体现自由和公平，是具有普适性的。但后现代哲学家不能同意这样的观点。列维·斯特劳斯说“人文科学的最终目的不是构成人，而是消解人”，[②] 福柯在尼采提出“上帝死了”之后，提出了“人之死”。因此后现代法学直接从作为现代法学哲学基础的启蒙主体性哲学开始驳斥，认为主体是被各种关系和结构建构出来的。[③] 法律具有权力的本质，带有普遍性的法律很可能是压迫性的，社会和法律关系是由大量权力关系组成并通过活动和实践随时复制这些关系，法律的客观性和普遍性也因此受到质疑。受后现代思潮影响的女性主义法学延续这一思路，摒弃宏大叙事，绕开法律的普遍性和客观性问题，

① 王丽萍：《解读女性主义法学》，梁慧星主编《民商法论丛》第 29 卷，法律出版社 2004 年版。

② ［法］列维 – 斯特劳斯：《野性的思维》，李幼荪译，商务印书馆 1997 年版，第 218 页。

③ ［英］帕特里克·贝尔特：《二十世纪的社会理论》，瞿铁鹏译，上海译文出版社 2002 年版，第 5 页。

直斥法律与权力之间的关系，指责法律直接参与了性别不平等的社会关系的构建。

我国女性主义法学研究在法学认识论问题上不乏探索。如有学者对性别建构的法律机制进行了深入分析，指出法律机制通过三种方式建构了性别关系，一是通过外在方式即法律制度中的女性形象，二是通过内在机理即从性别法律规则的内化、性别角色扮演、性别法律意识三个方面，三是通过社会场域即公共和私人领域的划分来构建性别关系。[①] 有学者指出法律关于性别的公共领域和私人领域对立划分的二元结构与性别歧视的社会结构是同构的。[②] 也有学者指出了女性主义法学自身的不足，如女性主义法学在哲学基础上存在相对主义的无能、本质主义的误区、扼杀“女性主体”等理论缺陷。[③] 这些研究从多个方面展现了我国女性主义法学在认识论层面上取得的成果。

其二，法律事实层面的研究。目前我国女性主义法学在法律事实层面的研究，基本是从社会性别的视角，以性别平等为出发点和参照标准，分析我国法律中存在的性别问题，并探索实现性别平等的法律路径。如对《刑法》中有关强奸罪的犯罪构成中存在的弱势化女性的规定的质疑；[④] 对反性骚扰立法中具体细则如定义、证据规则、单位义务和责任的建议；[⑤] 对完善家庭暴力案

① 孙文恺：《法律的性别分析》，法律出版社2009年版，第71—98页。

② 周安平：《法律与性别——性别平等的法律进路》，法律出版社2007年版，第97—107、151页。

③ 岳丽：《后现代女性主义法学反思》，《法制与社会发展》2010年第4期。

④ 肖巧平：《对我国〈刑法〉的女性主义思考》，《妇女研究论丛》2004年第2期；岳丽：《法律如何使女性成为弱势——以强奸罪为视角》，《长春理工大学学报》2010年第1期。

⑤ 薛宁兰：《中国反性骚扰立法若干问题探讨》，载黄列主编的《性别平等与法律改革国际研讨会论文集》，中国社会科学出版社2009年版，第200页。

件的程序机制的相关建议；[①] 以及如何通过劳动法消除性别歧视，解决对女职工特殊保护可能导致就业受阻的困境，等等。

法律事实层面的研究与法学认识论联系在一起，并受认识论的指导，是认识论在研究实践中的反映。比如刑法中对强奸罪的认定和该罪的犯罪构成要件，看起来是特意保护女性的性自主权，但从后现代女性主义法学的视角来看，法律上特意设定以女性为犯罪对象的罪名，在人为地将女性置于弱势地位。[②] 要使女性免于强奸的危害，不仅是要法律中有保护女性的规定，更要在表述规定的语言中使女性和男性处于同等的地位。而这样的探讨，就不再只是停留在事实层面，而是上升到认识论层面了。对家庭暴力的研究也是如此。虽然家庭暴力已写入法律，但在实际操作中仍难认定，这种"词与物"分离的原因，也在于词——法律本身存在问题。法律中将公共领域与私人领域进行了界分，这在私人领域自治的要求下却进一步强化了公共暴力与家庭暴力的分离，并演变为法律对两种暴力不同的规制态度，并最终形成了家庭暴力不受公共领域中的法律过多约束的事实。[③] 而这也是婚内强奸在我国迟迟难以得到认定的原因之一。

（四）我国女性主义法学研究中存在的问题

应当说，自20世纪90年代开始，女性主义法学研究已开始在我国生根发芽，对于我国法学研究方法的更新、法学议题的扩展以

---

① 陈敏：《受虐妇女综合症专家证据在司法实践中的运用》，载陈光中、江伟主编的《诉讼法论丛》第9卷，法律出版社2004年版。

② 岳丽：《后现代女性主义法学反思》，《法制与社会发展》2010年第4期。

③ 周安平：《法律与性别——性别平等的法律进路》，法律出版社2007年版，第97—107、151页。

及社会生活中女性权益的实际保障，都起到了现实的推动作用。但是，由于许多基本理论问题尚未厘清、已定型的学科发展格局的局限、具有广泛社会影响的女性运动的缺乏等诸多原因，我国当前女性主义法学研究中还存在许多可能阻碍其进一步发展的问题。

1. 法学认识论层面的研究稍嫌不足

我国女性主义法学不乏事实层面的研究，即从社会性别视角分析现有法律条文和司法程序中存在的有违性别平等的规定并提供相应的修改和完善建议。如上文中提到的对宪法、刑法、婚姻家庭法、劳动保障法中涉及女性权利和社会处境的条款的分析，如保障遭遇家庭暴力者获得司法救助的诉讼机制方面的改革建议等。事实层面的研究因立足实际问题，具有一定的可操作性，积极推进了相关法律的修订和司法程序的完善，有很强的现实意义。但仅有事实层面的研究显然不够，这类以认同法律天然具有客观性和公正性为前提的“问题—对策”型的研究，虽能帮助我国的法律体系在形式上日臻完善，却不能回答看起来已充分体现“男女平等”的法律为何依然可能进一步弱势化女性地位的问题。除了经常提及的法律力所不能及的传统文化方面的因素，法律本身是否有需要反思的地方？这就需要在认识论层面对法律的客观性和公正性进行重新评估，比如，法律这样一种崇尚理性判断的规则本身是否存在性别盲点？不少学者已意识到这个问题的重要性，如有学者指出，“我国刑法仍有不少有失‘不同社会性别’平等保护的立法缺口与缺陷……国内刑事司法的过程，实质上、事实上依然是部分弱势性别群体继续招致被边缘化即不平等的过程”。① “简单赋予女性与男性

① 陈明侠、黄列：《性别与法律研究概论》，中国社会科学出版社 2009 年版，第 274 页、第 171 页。

平等的法律方法并不能从根本上消除性别歧视，而必须是从男权法律关于性别的公共领域与私人领域划分的结构入手。”[①] 另外，受后现代语言哲学影响的法律语言学研究，对法庭问答互动话语中隐藏的权力关系的微观分析，[②] 也具有更新我国的法学认识论的价值。尽管如此，从目前女性主义法学研究的总体情况来看，认识论层面的研究还相当不够，对许多核心理论问题还未给出满意的答案，例如，以男性为唯一主体而建立起来的法律这座“理性”的大厦与社会的男权制结构之间是何关系？具体到我国的法律，作为主体活动于其中的制度空间和型塑主体性的构建力量，它在两性关系的结构性安排中究竟扮演何种角色，承担何种功能？为何我国已有的法律制度体系将某些带有性别歧视的规定予以合法化了？等等。

2. 女性主义法学研究在整个研究体系中还处于较边缘的位置

我国女性主义法学研究经过十余年的发展，已渐渐具备一套完整的研究模式，形成了稳定的研究领域，所取得的研究成果也在立法与司法中逐渐得到采纳。我国女性权益的法律保护取得了突破性的进展，如“禁止家庭暴力”“禁止性骚扰”已写入我国的法律体系，“受虐妇女综合症”的概念也引入了长期遭受家庭暴力导致以暴制暴的案件审理程序中，[③] 女性主义法学研究的重要性在我国日益凸显。但在同时，必须承认的一个事实是，若与

① 周安平：《法律与性别——性别平等的法律进路》，法律出版社 2007 年版，第 97—107、151 页。

② 如廖美珍：《法庭问答及其互动研究》，法律出版社 2003 年版；程朝阳：《法庭调解语言的语用研究》（中国政法大学 2007 年博士论文）。这类研究虽无女性主义法学研究之名，也并非只关注庭审语言中存在的不利女性之处，但这一对话语与权力关系的微观分析更具后现代色彩，也更贴近认识论层面的研究。

③ 陈敏：《受虐妇女综合症专家证据在司法实践中的运用》，载陈光中、江伟主编《诉讼法论丛》第 9 卷，法律出版社 2004 年版。

法学领域中的其他研究相比，国内的女性主义法学从出版的著述、发表的论文、研究基地的建设、召开的学术会议的次数和影响力来看，都还是处于一个比较边缘的位置，似乎学者们都意识到了这项研究的价值，但又被其他更宏观的、与笼统抽象的“人”的权利而不是“女性”权利有关的研究所吸引，而且从事女性主义法学研究的也以女性学者居多。一个将其作为法学研究重要组成部分来研究女性主义法学问题的趋势还远未形成。

3. 研究者尚未形成统一的研究立场

自“社会性别”这一女性主义法学重要的理论工具进入中国，目前几乎所有的女性主义法学研究依循的路径都是以“社会性别”为逻辑推演的起始点，分析法律（或我国法律）参与构建不平等的两性关系的过程。对这一研究路径的有效性，国内的研究者们似已达成共识。但是，值得关注的一个有意思的现象是，共识虽已达成，不同学者对待女性主义的态度却各异。有的研究者在采纳社会性别这一理论工具或借鉴西方女性主义理论的同时，却讳言研究的女性主义立场；或者研究者本人还存在对女性主义的许多误解，认为女性主义和男权主义立场一样，追求的是女性凌驾男性之上的社会，却不知道女性主义理论中存在各种流派，除了激进女性主义背负“极端”之名，大部分的理论都强调两性和谐共存。女性主义也绝对不是只研究“女性”的主义，而是为以女性为代表的各种弱势族群来主张权利的一种社会思潮。还有研究者在论述时一面以后现代色彩的社会建构论为分析工具，一面又强调马克思主义观点的理论正确性。① 我们姑且不

① 孙文恺：《法律的性别分析》，法律出版社 2009 年版，第 71—98 页。

论这种不顾理论的内在矛盾，生硬拼贴各种主义的做法是否合适，仅仅只看研究者对女性主义所持的矛盾心态，都能明白女性主义并未真正作为一种理论思潮为治学之人所接受。更严重的还有一些完全不顾事实和社会科学调查的结论而妄下断言的，比如认为改革开放以来中国妇女地位不断提高，因此妇女解放不是不够而是解放过了头，等等。这些问题之所以存在，归根结底还是在于我国目前的女性主义法学研究缺乏统一的研究立场，对女性主义缺乏客观全面的理解，对女性主义与其他社会思潮之间的关系缺乏应有的认识、对女性的生存现实也缺乏起码的敏感度。

4. 研究队伍的学科背景太过单一

女性主义法学并非纯理论性的学问，而是混合了理论与实践、法理学与部门法学以及法学与非法学的多种知识体系而形成的一门综合性科学，女性主义法学的学理研究与应用法学，与立法、执法、司法、守法、法律监督、法律实践等均有联系。女性主义法学在研究方法上，也没有明确的学科分界，而是将其他领域研究妇女的学术方法和经验与法学研究的学科方法结合，甚至必要时还会运用到自然科学的理论。从这个意义上讲，女性主义法学研究强调对女性的全面观察，注重多学科间的理论交换和整合。我国的女性主义法学研究起步不久，没有历史悠久的法学传统，也没有形成严谨的学术规范，还处于一个没有根基的状态，因此与各学科之间的交流与合作就显得更为重要。但在实际研究过程当中，长期的学科各自分立，缺乏有效合作，使得女性主义法学研究队伍的学科背景太过单一，大多数研究集中在法学领域，无其他社会学科的介入，尤其是没有女性学学者的参与。没有交流，其他学科的相关发现就无法为法学研究所用，进而会制约我国的女性主义法学的发展。

以上这些问题，都将掣肘我国女性主义法学往纵深发展，女性主义的理论潜力难以得到挖掘，现实层面的法律改革将会停滞不前，取得的研究成果也难以与国际社会形成有效的对话。当然，或许我们可以说，这不是一个简单的法律问题，它牵扯到太多观念上和制度上的问题。但是，法学研究者毕竟是一个具有能动性的知识精英群体，通过不断拓展法学认识论方面的研究，积极结合中国现实吸纳新知、超越意识形态客观审视西方社会理论，加强与其他学科的合作，我国的女性主义法学一定可以走出困境，迎来更灿烂的前景。

二 中西方女性主义法学之比较

上文对研究状况所作的历时性回顾并不足以反映我国女性主义法学的全部，接下来，笔者将通过对我国女性主义法学研究和以美国为代表的西方国家的研究进行比较、呈现异同，让国内的研究现状得到更全面的呈现。

（一）比较的可行性及其价值

比较是确定事物同异关系的思维过程和方法，是揭示和分析过程，认定事实和把所评价的事实根据来龙去脉加以系统化的方法。[1] 要认识事物就离不开比较。比较方法在整个思维的逻辑方法中也占据着首要地位，是社会科学领域常见的一种研究方法。

① 公丕祥：《法理学》，复旦大学出版社2002年版，第23页。

通过比较可以发现不同事物的共性和差异，从而加深对某一事物的认识。但是，不是任何事物都能拿来进行比较，比较的进行还需具备几个基本条件，即同一性、多边性和可比性。所谓同一性，指的是比较的对象必须是同一类事物、同一范畴。多边性，指的是比较的对象必须是两个以上。可比性，则是指被比较的对象之间需具有一定的内在联系。那么，中西方女性主义法学研究是否可作比较？两者是否具有一定的内在联系？

从时间先后顺序来看。以美国为代表的西方女性主义法学研究早于我国，是在20世纪80年代末逐渐从批判法学中分立出来形成的独立的法学流派。我国女性主义法学研究的开启标志，应是“世妇会”后中国社会科学院法学所性别与法律研究中心的成立。在这之前，国内虽然也不乏对西方女性主义法学的介绍，但始终没有形成从社会性别视角解析中国法律这一明确的主题。只有随着社会性别视角于1995年后开始在各学科领域普及，这股火才真正燎原。之后，以中国社科院法学所为代表的科学研究机构开始制定教材、撰写论文，一大批真正意义上的借用社会性别理论工具进行的研究雨后春笋般地冒了出来。

从研究脉络上看。西方女性主义法学自然离不开西方两次女性主义运动和各种不同流派的女性主义理论的影响，这一独立的法学流派的形成具有自发性、主动性和内生性。然而反观我国的研究，客观地说，这一还远称不上是“流派”的研究领域并非是从法学界中自觉产生的，换而言之，如果没有“世妇会”所产生的广泛的社会影响，令“社会性别”这一西方女性主义研究中的重要概念广为人知，我们的确难以预见国内的女性主义法学研究开始的时间。国内的研究不是源于内在需求，而是受外在的即脱生于西方文化土壤的女性主义理论的影响而开启的。不过，从近代以来知识传播的途径来看，女性主义法学在我国以这样的方式开启也并不足怪。由此可见，中西方女性主义法学研究之间是具有内在联系的。

比较的最大价值在于能加深对事物的认识。比较中西方女性主义法学研究的情况，可以发现共同点，找出差异。共同点意味着国内外研究可能具有某种同源性，而差异则意味着我国具有与西方不同的政治结构、历史传统、文化环境乃至学术研究生态。通过比对和探究原因，我们可以判别清楚国内女性主义法学研究的真实水准，明确本国研究在世界范围内的同类研究中的准确位置，或许由此就可探明未来的发展方向，结合中国实际，走出一条属于自己的道路。

（二）共同的理论工具：社会性别

社会性别（gender）是相对自然性别而言的一个概念。自然性别指男女两性先天生理上的差异，社会性别是指在特定社会、经济、政治和文化背景下形成的属于男女两性的群体特征和行为方式。社会性别同时受到其他因素的影响，如年龄、种族、阶级、族裔、性取向等，是社会、历史和文化所界定或建构的对于男女的角色、态度和价值的期望，因而也是社会认为在“公共”和“私人”领域男女两性的恰当表现。由此可见，社会性别差异的存在主要是源自社会的组织方式，而不是源自男女在生物学意义上的差异。①

① 陈明侠等：《性别与法律研究概论》，中国社会科学出版社 2009 年版，第 4 页。

作为于20世纪60、70年代兴起的西方第二次女性主义运动浪潮的理论结晶，社会性别（gender）经过多年发展，已与“阶级”“种族”一道，成为研究人类社会与历史的一个基本分析范畴，在各个人文社科学术领域里被广泛运用。[①] 从社会性别的角度审查人类社会中存续已久的法律，也能获得之前难以窥见的法律中存在的或是由法律造成的不平等的事实。社会性别的文化观念会体现在法律、政府或各权力机构的决策中。反过来，法律也会参与对人的主体身份的塑造，稳固和强化两性之间不平等的权力格局。

西方的女性主义法学作为一个独立的法学流派，形成于20世纪下半叶。当然，女性主义法学并非铁板一块。产生于不同时期、观点甚至相互抵牾的不同流派的女性主义思潮作为女性主义法学的重要理论渊源，也使得后者在发展过程中，呈现出不同的理论特点。但是，这些命名为自由主义女性主义法学、文化女性主义法学、激进或后现代女性主义法学的分支，侧重点虽各有不同，理论推演方式也不尽相同，但在运用社会性别工具分析法律问题上，却难得地一致。例如自由主义女性主义法学从性别差异的社会性别观得到启迪，倡导最大限度地缩小差异，从而给予男女以平等对待。文化女权主义法学同样受到“性别差异”社会性别观的影响，坚持要尊重和包容妇女与男性在历史上以及仍继续发展的差异，从而纠正系统地贬低或忽视妇女的利益、特质和需求的行为。激进以及后现代女性主义法学则受“关系体制”社会性别观的影响，拒绝关注男女两性之间的等同以及差异问题，因

① 王政：《越界：跨文化女权实践》，天津人民出版社2004年版，第175—176页。

为强调男女的差异模糊了妇女群体的多样性。可见，女性主义法学的各个分支确实存在着观点上的分歧和不同的行动策略，但是“社会性别”始终是受到公认和运用的重要分析工具。通过运用社会性别分析，不同的女性主义法学家还在法院和立法层面代表女性开展论辩和倡导，纠正了法律和司法实践中存在的性别不公的问题。①

我国女性主义法学研究可粗分为两类。一类是翻译和介绍性的著述。其作用在于将西方女性主义法学研究介绍给国内读者并引发国内的相关思考。第二类是借用西方的理论工具进行的，具有中国学者自主意识的研究。后者可以说是完全汲取“社会性别”的理论养料成长起来的。这类研究的开创与1995年“世妇会”对社会性别主流化的倡导分不开。顺应这一倡导，法学界开始对社会性别工具的自觉运用。之后的绝大部分研究都直接、明确地指出社会性别视角予其研究的启示，并将社会性别作为核心概念贯穿文字表述始终。如在法理学界有运用社会性别理论对法律与性别互动关系所作的研究，在部门法领域也有类似的尝试。②通过社会性别视角的分析，我国法律条文和司法实践中存在的无

---

① 陈明侠等：《性别与法律研究概论》，中国社会科学出版社2009年版，第21—23页。

② 如吕世伦、信春鹰、朱景文、朱苏力、郑戈、王丽萍等人对与西方后现代思潮密切相关的女性主义法学的介绍；孙文恺、周安平、李傲等人运用“社会性别”理论对法律与性别互动关系的研究；部门法研究中，如薛宁兰、夏吟兰、陈苇、李明舜等在婚姻家庭继承法领域、柳华文、白桂梅、朱晓青等在国际法领域都运用了“社会性别”理论进行研究。理论创新也推动了立法改革，如陈敏在反家暴立法方面，薛宁兰在推动反性骚扰立法方面，郭慧敏和魏敏在完善劳动保障法律制度方面，都做出了积极贡献。在译著方面，有信春鹰译《不和谐与不信任》（［澳］玛格丽特·桑顿著）、熊湘怡译《女性的法律生活》（［美］朱迪斯·贝尔著）、曲广娣译《迈向女性主义的国家理论》（［美］凯瑟琳·麦金农著）等。

视或忽视女性感受，不将女性作为与男性同等对待的主体等各种问题，一一被揭示出来。理论视角的更新，也活跃了立法，如我国的反家暴立法、反性骚扰立法、劳动保障制度的完善等议题，都在日渐成熟和完善的过程中。因此有学者指出，将社会性别纳入法律领域的目标，是分析现有一切法律规定、措施、政策、司法实践……促进所有基于性别不平等的法律制度和法律文化传统的改革。将社会性别视角纳入法律领域并主流化是中国法律领域中的一场新的革命。① 我们也可据此认定，我国女性主义法学研究与西方研究的共同点，笼统地说是都受到西方女性主义思潮的影响，具体地说，则是二者拥有共同的理论工具——社会性别。

（三）相异之处

中西方在政治体制、文化传统以及社会土壤等多方面都存在较大差异，由西方传入的理论工具与异于西方的环境融合，最终可能形成不同于西方的、具有自身特点的研究。事实上，通过比对中西方的女性主义法学研究，确实能发现二者存在许多差异，具体来说，主要体现在产生的社会条件、对待女性主义理论的态度和研究的主题上。

1. 产生的社会条件不同

现代西方法学思潮的诞生，常伴随有社会运动的推动。法律与社会运动之间的关联已成为法律社会学的研究对象，形成了“法与社会运动”这一新的研究领域。西方女性主义法学研究能获得很大的发展空间，正是学术研究与社会运动相互推动的结

---

① 陈明侠等：《性别与法律研究概论》，中国社会科学出版社 2009 年版，第 2 页。

果。众所周知，西方女性主义法学产生的内在动力和发展的巨大外在推动力，是自18世纪末19世纪初开始的妇女运动。[①] 妇女运动不仅有力地促进了妇女权利保障的立法和司法，也使女性主义法学从批判法学中分离出来，成为一支独立的、颇具影响力和生命力的法学流派。具体来说，妇女运动主要又是通过参与“诉讼实践”的方式来影响法律的发展和法学思潮的形成的。这种方案起初是受到20世纪50、60年代美国民权运动的启发，当时的民权运动便是运用“法院诉讼”作为民权运动的重要战场并且收到了有效的成果。之后，妇女运动、同志运动纷纷起而效仿，将法律诉讼作为运动策略的主要做法。80年代后期，法与社会运动研究着重于社会运动团体利用法庭诉讼的研究，便是当时各类社会运动通过诉讼实践对立法和司法产生影响的证明。

借助诉讼实践，妇女运动对西方国家的立法与司法实践产生了实质影响。如女性主义法学家麦金农（C. Mackinnon）在1979年出版了一本题为《对工作妇女的性骚扰》的书。她在该书序言中指出，迄今为止，性骚扰（sexual harassment）在法律上还是难于想象的。这也就是说，她认为立法和司法迄今还未将对工作妇女的性骚扰定为性别歧视。但在该书出版后七年，在持续不断的妇女运动的推动之下，美国最高法院法官在一个判决中不仅一致承认性骚扰是对联邦反歧视法的违反，而且还认为雇主不制止其监管人员对其他雇员的性骚扰行为在法律上也应受罚。[②] 当然这项判决的作出，并非仅由妇女运动推动而成，但妇女运动的作用

---

① 王丽萍：《解读女性主义法学》，载《民商法论丛》（第29卷），法律出版社2004年版。

② 转引自沈宗灵《女权主义法学述评》，《中国法学》1995年第3期。

却不可忽视。因此，有学者评价说，当代美国社会里每一项符合妇女利益的法律和制度都是几代女权主义者奋斗的结果。[①] 女性主义者通过一个一个案子发现不同的问题，建构不同的判例规则，最后上升为立法原则，再由运动者和研究者研究合作建构理论。[②] 这样一种以实践为基础建构理论的方式已成为美国女性主义法学的一大特点。

我国女性主义法学的产生经过是与西方不同的另外一种经验。和西方的社会运动有较为宽松的环境不同，我国的包括女权运动在内的各种社会运动目前面临的还是争取合法空间的问题。女性主义法学研究在我国约于20世纪90年代开始出现，这项研究的启动并没有社会层面上某种已成规模的运动的推动，而是由分散在法学不同领域的一些有共识的知识精英，在汲取西方女性主义理论养料之后，逐步在法学研究中开拓出来的一块领地。这些学者在理论上借鉴社会性别分析范畴，在实践中利用有限的改革空间推动立法，并形成了有自身特点的女性主义法学。前者如法理学界在理论层面上的探索，后者如将“受虐妇女综合症”的概念引入司法界、“性骚扰”立法案的提出等等。

那么，我国历史上从来就没出现过西方意义上的、在社会层面产生过广泛影响的女权运动呢？答案显然是否定的。20世纪初我国曾经有过波澜壮阔的女权运动，但持续一段时间之后即遭遇中断。[③] 其中一个原因，便是女权或女性和男性争权利的声音

---

① 王政：《越界：跨文化女权实践》，天津人民出版社2004年版，第18页。

② 郭慧敏：《社会性别与妇女人权问题——兼论社会性别的法律分析方法》，《环球法律评论》2005年第1期。

③ 详细分析可参见王政《五四女性：口述与文本的历史》（尚无正式出版的中译本，此为网络版的译本）。

被民族主义和革命的话语所淹没。今天我国女性主义法学在发展中遇到的困境，比如在当前学术界中仍处于边缘的、不受重视的地位，也与这一历史过程有关。所以我们看到，在法学知识界，依然是男性知识精英独断话语权，他们或将人权凌驾女权或是贬抑甚至无视女权，女性自身对男性文化下的权力结构也缺乏足够清醒的认识，这就使得社会层面很难拧成一股力量来推动国家层面的法制变革，也很难期待女性主义法学能有发人深省的、切合中国自身问题的研究诞生。总之，我国的女性主义法学研究是虽有学者领路，但内驱力不足。而且，中国的社会背景和西方社会存在较大差异，在这个不同的背景下，我们如何选择自己的女性主义法学或者说性别法学理论与实践的推动方法，成为一个新的、值得探讨的问题。①

2. 对待女性主义理论的态度不同

在西方女性主义法学的发展历史上，除了有声势浩大的妇女运动作为推动力，女性主义理论的贡献也功不可没。自 18 世纪末 19 世纪初第一次妇女运动浪潮开始掀起，便有不同流派的女性主义思潮不断涌现。在时间上，先后有自由主义的女性主义、激进的女性主义、马克思主义的女性主义，进入到 20 世纪 80 年代，又出现了后殖民女性主义、后结构女性主义和后现代女性主义等新的女性主义流派。这些理论共有女性主义这一标签，但在许多问题上存有分歧，这些分歧导致了妇女团体间的冲突、在法律的修订方向上也形成了不同的方案。如 20 世纪 20 年代，美国的自由派女权主义者曾向妇女大会提交了平等权利修正案，但遭

① 郭慧敏：《社会性别与妇女人权问题——兼论社会性别的法律分析方法》，《环球法律评论》2005 年第 1 期。

到了来自文化女权主义者的反对。因为在前者看来，女人和男人一样具有多种潜能，她们需要的仅仅是相同的机会和天赋的权利，但在强调“差异”的文化女权主义看来，妇女不同于男人，她们需要特别的法规给予保护。[①] 这两派之间的冲突，其实是长期以来在女性主义理论中存在的“平等”和“差异”两个主题未能寻找到调和方案的问题在现实中的集中反映。类似的观点分歧不胜枚举。这就使得女性主义理论在显得异彩纷呈的同时，也增加了认识和理解问题的多样化视角。或者说，各种流派之间尽管互有歧见，但一个事实却是不容忽视的，即多元的女性主义理论构成了女性主义法学的重要的思想渊源。

前文提到，我国的女性主义法学是在一个没有属于中国自己的女性主义理论的指导下，借鉴源自西方的社会性别分析范畴开始相关研究的。缺乏脱生于本土社会的理论作指导，这已是学术研究中一个不小的缺憾，除此之外，还有一个值得关注的现象就是，国内学者在对待西方女性主义理论时，态度也不尽相同。有的研究者在采纳社会性别这一理论工具或借鉴西方女性主义理论的同时，却讳言研究的女性主义立场；或者如上文所言，研究者本身还存在对女性主义的多重误解，比如认为女性主义和男权主义立场一样，女性主义是只研究“女性”的主义，等等，还有部分学者对于女性主义与自由主义法学中的民主法治诉求之间是何关系，也缺乏清晰的认识，往往以笼统的人权概念模糊“人”因性别、种族和阶层而存在的复杂的差异性，将人权的实现作为女权的前提条件。各种对女性主义有意无意的忽视，在法学界相当

① ［美］约瑟芬·多诺万：《女权主义的知识分子传统》，赵育春译，江苏人民出版社2003年版，第88—90页。

普遍。因此，概括而言，相比西方，我国女性主义法学研究的确存在如下问题，即缺乏统一的研究立场，对女性主义缺乏客观全面的理解，对女性主义与其他社会思潮之间的关系亦缺乏足够的认识。

3. 研究的主题不同

有女性主义理论在先，西方女性主义法学的研究主题清晰而明确，它们重在关照女性所遭遇的伤害，将对女性的暴力、生育（堕胎）、色情作品、性骚扰等原来一直被隐藏在拒不干预的领域内的问题，均纳入法律的调整范围，从而使女性主义在法律领域取得巨大的“成功”。当然，这些主题不是随意选定的，而是建立在对女性问题的清楚把握且涉及女性主义的一些基本问题的。换而言之，这些问题也是女性主义理论上的争议焦点，在理论上被认为是更关乎女性权益的根本问题。通过对这些议题进行研究，既可使不同流派的女性主义的观点浮现出来，通过话语的竞争而使真理“越辩越明”，同时，在此基础上形成的认识可进入法律，从而在更广泛的层面上使女性主义法学研究的成果惠及广大女性。比如堕胎的问题。自由主义女性主义、激进女性主义和文化女性主义对此的看法就各不相同。自由主义女性主义从个人的隐私权角度，认定堕胎应是女性的合法权利，但是，激进女性主义者指出，自由主义女性主义这样一种貌似中立的原则，其实忽视了男性权力和男性统治的现实。因为男女之间在文化、社会、经济和法律等方面的现存差别，是男性统治的产物，因而也必须在这样一个社会结构的语境下来看待怀孕。如果确立了这个角度，将会发现，女性实际上处于一种不能控制她们受孕的环境，是被迫为人母的。这种被迫为人母的现象，正是经济、家庭和性别上的不平等的继续，也正是因为女性基本不能控制生育进程，所以堕胎就是一种必要的修正。由此看来，尽管自由主义女性主义和激进女性主义都认定堕胎应是合法的，但是理据不同，对社会结构的批判力也不同。再比如色情文学的问题。这也是一个既关乎不同的女性主义立论基础又与女性在社会中的现实地位密切相关的问题。在自由主义语境下，色情文学被理解为是一种言论自由和个人自治，但激进女性主义则提请人们注意，在一个男权主宰的社会结构里，色情文学事实上加剧了女性在社会上和法律上的不平等。[①] 从这些事例可以看出，西方女性主义法学研究所选择的主题都是最能体现女性受压迫的社会现实的，对这些问题的提出也将直接指向法律的性别倾向，[②] 即不仅仅只是对女性权利的保护，而且直接关系到法律的男性特质，如立法主体的性别、立法思维、司法程序对女性经验的忽视，等等。

我国女性主义法学研究并无系统的理论支撑，也无学术界能与司法实践建立直接对话的开放环境，因而主要是带着“社会性别”这一理论视角去主动发掘法律条文中存在哪些于女性不公的规定，或是运用“社会性别”视角分析在中国同样存在的，作为西方女性主义法学研究对象的一系列问题，如强奸、性骚扰和家庭暴力等。当然，由于中西方具有不同的历史和文化背景，我国女性主义法学研究的问题中有一些是具有本土特点的，比如农村出嫁女的土地权益问题。由此看来，我国女性主义法学研究的问题，多具有偶然性和零散性，并不如西方女性主义法学研究主题

---

① ［英］韦恩·莫里森：《法理学：从古希腊到后现代》，李桂林等译，武汉大学出版社 2003 年版，第 517—518 页。

② 王丽萍：《解读女性主义法学》，载梁慧星主编《民商法论丛》（第 29 卷），法律出版社 2004 年版。

那样，与理论存在较强的关联度。还有学者指出，这些研究主题“有限而保守，并非是在对现行法律体系进行深入系统的女性主义思考的基础上提出来的，而且也多是在‘性别平等’框架内讨论问题，没有触及我国法律背后的性别政治。因此，如何在中国的语境下发现和重构中国妇女的法律议题，仍是我们必须面对的现实”。①

（四）一种解释：未完成的法律现代化

如何认识中西方女性主义法学研究存在的上述异同？笔者以为，需要先确立一个宏观层面的边界有限的“阐释框架”（interpretative framework），将双方置于这一共有的话语框架之下，才可对二者的异同作出客观的理解与评估。这个框架便是现代化话语。无论是西方还是中国的女性主义法学研究，都是在现代化的背景下开启的。西方国家女性走向公共领域形成妇女运动，推动法律的改革，与19世纪西方的现代化进程密不可分。我国的女权运动以及后来的女性主义法学研究也都与现代化的话语相连。如从现代化这一共同背景之下关照中西方女性主义法学研究，我们可以发现，二者存在异同的原因在于，虽共有现代化的背景，但我国现代化进程中曾经兴起过的女性主义思潮在各种复杂的历史因素影响之下渐渐失去发声的机会，是故法学领域的研究也对女性主义有意无意地忽视。当然，女性主义在我国的兴衰与法学研究的男性中心特质之间的关系并非简单几句话可说清。笔者提出一种解释，是为抛砖引玉，希望能引发更多的相关讨论。

---

① 郭慧敏：《性别平等的法律文本政治》，载黄列主编《性别平等与法律改革》，中国社会科学出版社2009年版，第52页。

关于现代化，存在多种解释。广义的现代化是用来指称任何一个泛指的“现代”时期或状态；不是把现代化理解为向某个特定历史时期或状态的转变过程，而是向任何一个更“新”的“现代”时期或状态的转变过程……相反，狭义的“现代化”概念则是和狭义“现代”和“现代性”概念相联系。它所说的“现代”或“现代性”仅仅指的是“大约从17世纪的欧洲起源，之后或多或少地影响到全球的一种社会生活或组织的模式”，所说的现代化相应地也就指的是从这种特定的“社会生活或组织模式”产生之前的“传统社会”向这种特定的“社会生活或组织模式”转变的过程。① 也有学者说，虽然对何谓现代化存在多种认识，但有一个基本共识，即现代化是一个过程、一种状态、一些已经发生或正在发生的事实，一种历史性的变化。现代化可以说是科学技术与文明扩展带来的结果，它所涵盖的领域是广阔的，如社会秩序、政治组织、意识形态、制度体系、行为方式、文化结构等等。②

从西方女性主义法学的发展历史来看，现代化是其重要的背景也是其产生的时代起点。以19世纪英国为例，有研究英国社会史和现代化史的学者指出，正是在现代化影响下，19世纪英国妇女家庭法律地位发生了深刻的变化。③ 其内在的逻辑关系是，现代化的大工业生产为妇女提供了更多的机会进入公共领域，赢得自己的话语权和独立人格，政治上的现代化则推动了民主平等精神的发展，进一步唤醒了妇女的权利意识。在此情势的驱动之

① 谢立中：《社会理论：反思与重构》，北京大学出版社2006年版，第153页。
② 李曙光：《中国法律现代化的取向》，《法学》1994年第4期。
③ 潘迎华：《19世纪英国现代化与妇女：家庭法律地位的演变》，《世界历史》2007年第6期。

下，当时英国的家庭法律制度也被迫发生变革，逐渐向性别平等的方向发展，使英国妇女享有了更多的自主权，家庭法律地位也有所提高。因此可以说，女性主义法学本身就是现代化在法学领域内的必然产物。西方的法律融入女性视角，考虑性别平等，是现代化进程中的重要组成部分。

那么，在我国现代化过程中，女性或女性主义又扮演着什么角色，对法律又有何影响呢？作为一种社会理念，女性主义从20世纪初就传入中国。女性主义在中国发声不过百年，从第一声呐喊到现在女性主义在中国的命运（包括出现与挫折）始终伴随着中国现代化的进程，中国现代化话语的建设与女性价值的确立之间应当有着不可分割的关系，因此，考察一下女性主义在中国现代化话语中的位置，是一件有意义的事情。①

一个已经达成的共识是：20 世纪初，女性主义伴随着各种西方现代思潮进入中国后，更多的是男人接过了女性主义理论来反对封建主义，这是女性主义在中国的第一个特点。第二个特点是妇女运动自发生之日起，一刻也不曾离开民族革命的轨道。要认识清楚这两个特点，必须要提到海外重要的性别问题研究者王政的研究。她指出，女权主义是作为现代化话语的一只号角被中国知识男性所吹响，② 尤其是到了新文化运动，有话语权的男性更是把女权主义作为现代文明的标志来宣扬，作为抵抗儒家三纲五常的有力思想武器来散播。“造就新女性”在那代知识男性看来是迈向现代中国的关键一步，鼓吹妇女解放则是男性表现自己现代身份的捷径。正是因为女权主义在 20 世纪初是掺和在现代化

---

① 丁宁：《女性主义从启蒙到行动》，http：//www. alleyeshot. com/。

② 王政：《越界：跨文化女权实践》，天津人民出版社 2004 年版，第 22 页。

和民族主义话语之中，由知识男性推上中国近代历史舞台的，它很快就进入了中国主流政治话语，“男女平等”“妇女解放”从那时起就同现代化主旋律融合在一起，没有哪一个声称要将中国带入现代文明的政治力量敢于公开抛弃这些女权主义的口号，尽管利用这些口号改变其内涵的做法时有发生……在男性的妇女解放话语中，新女性常常是被想象为推动中国社会现代化的载体；而对新女性来说，她们毫不含糊地要做主体，要做一个享有和男性同等权利的独立的“人”。妇女解放对她们来说不是实现其他目的的手段，而是目的本身。正是女权主义者们对这个目的的坚持，才使她们在20世纪20年代中期以后变化了的政治局势中受到排挤和打压。“女权主义”这个词从“五四”时期的中心荣耀地位向负面含义和边缘地位的转折也就是从这个阶段开始的。

20世纪初叶，中国女性主义比较高涨，主要围绕女性就业、取消一夫多妻制与纳妾等社会问题开展活动，争取妇女的财产权与参政权。但是国民革命时期妇女运动中的女性主义倾向持续时间不长，很快在民族主义与父权主义双重作用下夭折了。正如李小江所说：“与西方女权运动不同，妇女解放在中国，似乎从来就不是妇女自己的事。”“正是由于国家的支持，中国妇女真的站起来了。她们被解放，也真的很大程度获得了解放。”但是这也证明了我国的女性主义有着先天的不足：是满足男性对现代性想象的工具，是随时受到国家力量的支配的。因此，新中国成立以后，国家规定了妇女在法律上与男性平等，有劳动与受教育的权利，享有产假与公费医疗。然而随着改革开放，原先运用政治手段作保证的保护性就业、保护性参政被放弃以后，妇女地位并没有随着经济改革而上升，反而在激烈的市场竞争中出现了很不乐观的劣势趋势。女性失业率高，就业难。家庭变得脆化，承担后果的首先是女性。因此，不能说我们没有女性主义，而是说它还处于未完成和不连贯的状态。妇女范畴在历史上始终不稳定。有学者指出，五四革命的不彻底，没有把女性作为一个群体来思考，没有女性主义系统思想，所以女性问题并未随着启蒙运动的开启而得到解决。[①] 所以，也可以说我们的现代化在性别这一环节是打了折扣的，是有欠缺的。

女性主义在现代化过程中的逐渐消失，也必然影响到法律中与女性相关的规定。女性在法律中主体缺失，国家以革命的名义、站在父亲而不是大男子主义立场保护妇女权益，使我国出现四种法律或政策的实践结果。一是妇女的幼稚化，二是妇女主体及与妇女相关的法律的边缘化，三是女性性别生理化和弱势化，四是以男性为标准的改造，妇女一方面作为一种革命或解放话语进入法律，但同时也沿用了过去的女子、女性等提法，对妇女的保护基本是以自由主义理论为基础，局限于将妇女权利的目标定位为取得与男子同等的法律权利，似乎是男性没有的妇女也不能拥有。正因为此，笔者以为，国内的女性主义法学之所以存在如此多的不足，并非学者自身不努力，实则是现代化过程缺失了女性主义这一维度的必然结果。但是，在国内已有的法律性别问题讨论中，很少有人从社会性别的角度来看中国的现代化和法律的现代化。这是有意的忽视还是原本就存在的盲区？完全被男性话语统治的法学理论圈没有女性主体的一席之地，又如何能期望在整体法学理论层面和法制架构中能有对女性的考虑？这也是笔者

① 杨联芬：《新伦理与旧角色：五四新女性身份认同的困境》，《中国社会科学》2010 年第 5 期。

很困惑的事情。或许，女性主义法学研究学者需要进行一场艰难的突围，但是，方向在哪？

三　后现代女性主义在我国法学研究中的发展空间

探讨后现代女性主义在我国法学研究中的发展空间这一问题，可从比“后现代女性主义”更宽泛的“后现代主义”在我国法学研究中的“待遇”切入。因为相比较打着鲜明“性别”烙印的后现代女性主义，后现代主义是我国法学研究中更多被论及的一个概念。作为20世纪最重大的学术理论之一，后现代主义的影响不可避免地波及我国法学研究领域。对于后现代主义与我国法学及法制现代化的关系，也早已有法学理论研究者们进行探讨。在这些探讨中，可以了解到学者们对待后现代主义的各种态度。通过观察这些一致或相歧的看法，大致可估测到后现代女性主义在我国法学研究中的发展空间。

（一）后现代主义在我国法学研究中的境遇

我国法学界对后现代主义的关注始于20世纪90年代，相关探讨主要集中在法理学界，形式主要有译介西方学者著述、撰文或著书专门评介后现代法学思潮、召开多学科共同参与的国际性会议等。这些工作将法学界对后现代主义的认识逐渐推向了深处。综览法学界的反应，可以认为，后现代主义目前还只是作为一种需要被了解的西方思潮存在于学术探讨之中，作为一种思维方式和研究进路的后现代主义尚未在我国的法学研究中得到足够重视。

第一种类型是以论文、著述、会议等形式展开的对后现代法学的研讨，问题涉及对后现代法学概念本身的澄清，对后现代法学的理论渊源和脉络的梳理，后现代法学对我国法学研究和法制现代化的价值等等。[①] 这些研究表明我国法理学在对后现代主义予以智识层面的关注的同时，也对后现代主义究竟会对我国法律实践产生何种影响具有不同程度的困惑。学者们都认同后现代主义在认识论上对法学研究很有启发意义，对正处在法治建设过程中的我国来说也具有警醒作用，但是，该以何种形式、在何种程度上借鉴后现代法学，学者们因对后现代主义、对具体国情的理解不同而不能达成一致意见。有关这些方面的论争，下文还将展开具体介绍。

第二种类型是对西方学者著述的翻译。对西方法学著述的翻译是法学理论研究工作中的重要一环，翻译对象的取舍往往也标识着理论界的一种旨趣与动向。在当代的西方法学家中，被认为是后现代法学家的代表性人物有卢曼、阿多诺、塞尔兹尼克、哈贝马斯等人[②]，法律思维上具有后现代特征的有波斯纳、昂格尔、德沃金、罗尔斯等人。[③] 这些学者的著述虽然并不是作为成系统

---

① 有代表性的论文有《后现代法学思潮的缺陷与现代法学的价值合理性》（吕世伦等）、《后现代法学：为法治创造未来》（信春鹰）、《当前美国法理学的后现代转向》（朱景文）、《关于后现代法学研究中的若干理论问题》（朱景文），《面向二十一世纪的法与社会》（季卫东）、《后现代思潮与中国法制》（苏力）、《可别成了等待戈多》（苏力），《中国后现代法学研究及其前景》（侯猛）、《后现代法学思潮》（高中），等等。有代表性的专题研讨会有 2000 年于中国人民大学召开的“后现代法学与中国法制现代化”学术研讨会。

② 季卫东：《面向二十一世纪的法与社会》，载季卫东《法治秩序的建构》，中国政法大学出版社 1999 年版。

③ 朱景文：《关于后现代法学研究中的若干理论问题》，2000 年于中国人民大学召开的“后现代法学与中国法制现代化”研讨会论文与发言摘要。

的后现代法学翻译工程进入国人视野，但他们作品能被引介，得到重视，至少说明我们的法学界对于西方法学思潮持有一种兼容并包的开放态度。

第三种类型是具有后现代风格的学术研究。后现代法学是西方学者自觉地对现代法治进行批判反思，对于法律的普遍性、客观性、自治性等原来被默认为正当的认定发起质疑而诞生的学问。在这样一种追求之下，地方性的、差异化的经验进入学者视野，成为批评法律宏大叙事的学术资源。因此，笔者以为，虽然未必一定在研究之中冠以“后现代”之名，只要研究进路具有上述特点，都可称为具有“后现代风格”的法学研究。苏力曾提及冯象的《法文化三题》是他认为真正具有后现代特点的研究，之所以对这篇篇幅不长的文字作此鉴定，是因为在此文中贯穿了作者以地方性、差异化的经验来反思美国法律的学术态度。在中国范围内，涉及以本土经验来反思或构建中国自己法治经验的研究，如本土资源论、中国的调解制度研究等等，也可视为具有一定的后现代色彩。目前在国内法学界已日渐丰富的法律与社会、法律与文学、法律与语言等法学交叉学科的研究，事实上也是后现代思潮影响下的产物，因为这类研究借助其他学科的方法对法律的多元性、不确定性、对边缘群体的压迫性等传统法学研究忽略的面相进行了揭示和批判。但是，即便从宽泛的意义上来界定后现代法学研究，我国法学界目前已有的研究也屈指可数。

（二）法学界对后现代主义的态度

从后现代法学研究之有限或可推测法学界对后现代主义大多持谨慎态度，当然也不乏对后现代主义态度积极的。两种不同的态度可从学者间的论辩中窥知。法学界曾发生一次关于后现代思潮的有代表性的学术争鸣,[①] 对后现代主义究竟是“不宜强调”还是“应当研究”，学者们因为对一些基本问题，例如何谓后现代主义、当前中国法制发展阶段需要何种西方学术资源等持有不同的认识和判断而得出了不同的结论。下文即以此次争鸣为分析文本，呈现目前法学界在后现代主义问题上的态度分歧。

认为我国法学界当前不宜强调后现代主义的学者们多将后现代主义理解为“现代之后”的主义，而中国当前的社会发展阶段，仍然是“现代”的问题还未解决的阶段，后现代主义与当前的阶段性任务不相容，当前的任务重点在于法制现代化，即推进现代法治，后现代主义的价值应在法制现代化实现后再予以彰显。

有学者如是表述：“中国法学所面临的是前现代的问题，不能开后现代的药方。我国正处在社会转型时期，即从农业社会向工业社会，从计划经济向市场经济，从人治向法治，从传统向现代的过渡时期，与西方社会的转型属于不同的阶段。因此当前最需要的是现代法学而不是后现代法学。”[②] 同样，季卫东以中国具体情况为由来反对后现代思潮普适一切历史阶段，即中国目前的状况不能强调后现代思潮。尽管他也认识到作为理论思潮的后现代主义并不与本身就是现代主义话语产物的“法制现代化”相冲突：“后现代法学与发展中国家的法制现代化并不矛盾。”而

---

① 季卫东教授曾撰《面向二十一世纪的法与社会》，从现代主义的角度谈及后现代对法学的影响，同时针对中国法制建设分析了后现代法学的意义和局限。同为法社会学研究者的朱苏力教授在《后现代思潮与中国法学和法制——兼与季卫东先生商榷》（《法学》1997 年第 3 期）一文中表达了不同看法。

② 侯猛：《中国后现代法学研究及其前景》，载《法商研究》2001 年第 2 期。

且，他也认为，“后现代法学的许多主张与中国的法文化现象具有不同程度的类似性……德国学者图依布纳甚至明确指出，起源于佛教和儒学的日本现代社会组织与西欧的‘现代’不同，并且比西欧的‘现代’先进，表现出某种早熟的‘后现代性’。余英时教授也指出中国文化与现代生活并非不相干，更不是互相排斥对立的。”但是，他仍然不认为“中国可以跨越法制现代化的阶段，来一个后现代主义的大跃进。”① 也有学者同样从现阶段的实际需要和基础条件出发，如从当前人民的接受水平来论证后现代法学在中国的不适用性：“现代法的精神是自由、平等、民主，现代法的作用就是启蒙。启蒙就是帮助大家摆脱常识与偏见，促进人们对法律的尊重和信仰。而后现代法学理论则超越了中国当前的现实，脱离了人民的接受水平。”②

正是基于这一认识，对于我国法制现代化过程中出现的问题的解决方案，学者们也有一个默认的排序，如当前首要任务是加强对现代法的继受、对传统进行批判，还是回望传统，从传统中寻找资源来构建中国自身的法治模型？对后现代法学持谨慎态度的学者们的答案倾向于前者。“对于中国当前的法制建设的实际需要而言，现代法的各种学术成果的全面继受至关重要，而法学的本土化则在其次。”对传统持批判和变革态度也是反对后现代主义的学者的隐含态度。正如季卫东所批评的：“后现代的西方学界对于‘地方性知识’（吉尔兹语）和特殊性问题的关心，已经在中国唤起了怀古之幽思，传统也因‘本土化’问题的提出而

---

① 季卫东：《面向二十一世纪的法与社会》，载季卫东《法治秩序的建构》，中国政法大学出版社 1999 年版。

② 葛洪义：《法的普遍性、确定性、合理性辨析——兼论当代中国立法与法理学的使命》，《法学研究》1997 年第 5 期。

受到法律研究者的垂青。虽然法制建设不能无视文化传统以及正式法和非正式法的关系，何况现代法包含着结构性的矛盾，这使法的现代化会在强制与自由的夹缝里进退维谷。尽管如此，我们仍不能轻易放弃与法的现代化相关联的复杂的制度、技术上的调整作业而隐遁到作为‘剩余变数’的文化之中去煮酒清谈。其实，仅用‘现代化之后’的理论美酒来浇‘现代化落后’的实践块垒是于事无补的。有关法律制度的精致的方法和技术基本上是由现代的实用法学提供的，并且成为后现代主义的各种构思的前提条件。所以，对于中国当前的法制建设而言，现代法学的继受至关重要，继受理论的‘本土化’则在其次。实际上，后现代法学在很大程度上只不过是为了解决现代化的构造难题而划的一条辅助线，而绝不应该是在传统中固步自封的正当化根据。忽略了这一点，借鉴后现代法学在中国就会坠入‘托古改制’的窠臼，显得古怪滑稽。”① 这种对后现代主义可能对法制建设带来的危险的担忧，是具有代表性的。“后现代思潮对法律的普遍性、确定性的怀疑可能动摇制定法的权威地位，从而导致法律概念的合理性基础面临挑战。进而在事实上否定了立法和法理学追求进步的努力，否定了法学工作者的理性能力和精神因素在法制建设中的积极的、创造性的作用”。②

主张应当研究后现代法学的学者对后现代主义有不同认识。苏力认为，对后现代主义不应有“时代化”的认识，“后现代现象和思想一直都在我们的社会生活中存在着，并且或多或少地曾

---

① 季卫东：《面向二十一世纪的法与社会》，载季卫东《法治秩序的建构》，中国政法大学出版社 1999 年版。

② 葛洪义：《法的普遍性、确定性、合理性辨析——兼论当代中国立法与法理学的使命》，《法学研究》1997 年第 5 期。

为我们体悟。不能对它置之不理，因为它就在影响我们的法学和法制”。至于后现代主义不适合于当前中国社会发展阶段的观点，苏力认为，这是单线进化的时代观。他指出，后现代不同于后工业社会之类的概念，后现代甚至主要不是一个时间的概念，而是指近代以来某些学者大致共享的一种思维方式和对待世界的态度……一般来讲，后现代思想家都有一个倾向，即反对“时代化”的历史界定方式。例如，福柯就曾指出，我们不应当将现代性仅仅视为位于日历上的处于前现代和后现代之间的一个时代，而更应将现代性视为一种态度，一种与今日现实相关的态度，是一些人的自愿选择，一种思考和感受的方式，一种活动和行为的方式。[①] 在后现代思潮看来，历史从来不是单线发展的，历史不存在那种本来仅仅作为便利的分析工具。不存在一种现代主义者认为不可跨越的历史阶段。后现代是我们生存的状态或成分，就意味着后现代思潮并不只是少数敏感学者的天才创造。侧重从现代主义的观点来概括后现代思潮，这种做法对后现代“主义”不公正。

对于中国而言，现代化的历史任务尚未完成，因此目前的首要任务还是现代法制建设这一说法，苏力以为，这隐含了季卫东的一种观点：后现代思潮对于中国目前的法学发展和法制建设可能是弊大于利，因此要警惕。这似乎在说现代主义就会利大于弊。苏力认为，后现代思潮存在问题，但现代主义同样存在问题。抽象意义上的、脱离语境的更正确的理论并不存在。的确，我们对于现代主义、现代法治几乎是不加怀疑地就接受下来了。

① “what is enlightenment?”, *The Foucault Reader*, ed, by Paul Rabinow, Pantheon Books, 1984.

已故学者邓正来批评中国法学研究时曾提到，在中国法律理想图景中，中国法学的发展基本上为一种“现代化范式”所支配，即在对西方现代化理论或现代法制/法治发展的结果不加质疑、不予反思和不加批判的情形下便将西方现代法制/法治发展的各种结果视作中国法制/法治发展的当然前提。① 假如我们默认现代主义就是好的话，自然就会将后现代归入另一个阵营之中。后现代哲学家格里芬也曾指出，后现代主义要否定的并不是现代主义的存在，而是它的霸权，不是它的优点而是它的局限。“对于正在向现代化迈进的今日中国来说，谈后现代主义有什么意义呢？”大卫·格里芬在《后现代科学》中回答说：“我的出发点是：中国可以通过了解西方世界所做的错事，避免现代化带来的破坏性影响。”②

对于那种研究后现代法学会影响到法制建设、会阻碍中国现代化的担心，苏力认为这是因为混淆了法学研究与法制建设两个概念而生出的不必要的担心。首先，在法制建设层面，“法制不是法学家的产物，而是人民社会生活的产物。所有的法律工作者——法官、检察官、律师、立法者、执法者——在这一过程中都起作用，但司法活动说到底主要不是理论论证的过程，而是一种职业判断。从这个意义上讲，一个民族的生活创造它的法制，而法学家创造的仅仅是关于法制的理论”。既然法制不是法学家的产物，那么法学家对后现代法学的研究并不会对法制构成多大影响。那种担心后现代主义会导致解构和颠覆现代法学传统，丧

① 邓正来：《中国法学向何处去——建构“中国法律理想图景”时代的论纲》，《政法论坛》第23卷第1期。

② ［美］大卫·格里芬：《后现代科学》，马季方译，中央编译出版社2004年版，第13页。

失法律权威，不是将法学研究与法律实践联系得过于紧密，就是对作为一种理论思潮的后现代主义与作为社会实践的法制建设之间的关系缺乏清楚的判断。即便是法学研究引入后现代主义，也不会对法学产生多大影响。原因之一是由于后现代主义研究的边际收益太低，研究难度很大，不会有太多人从事这方面的研究，因此后现代法学不会成为法学研究的热门；原因之二是法学的应用实践性很强，它必须要回答和解决现实生活中所出现的问题。它是一种非常讲求功利的学问。它是一种社会化的实践，一种职业性的知识，在很大程度上排斥独出心裁和异想天开。它有时甚至不要求理论而只要求人们懂得如何做。这与文学和纯粹的思辨理性也有较大差异。”① 后现代主义的理论化色彩与法学的这些特点显然也是不相容的。

对于法学界所进行的本土化努力，苏力也不认为是受后现代思潮的影响的产物，而是针对其他一些当代的学术问题而展开的必要的研究。比如中国占主流的法学深受西方现代法学的影响，基本上是按西方学术传统建立的外来话语系统，包括对中国法律传统的研究，也是按照西方学术规则模式进行分析的。但是，从外国引进的概念、术语、命题并不见得完全适用于研究中国。“本土资源论”无非是希望通过寻找符合中国实际的概念和理论来分析解决中国社会的法律问题，建立属于自己的法学理论。

学者们在如何对待后现代主义这一问题上发生的争辩，其实反映了当代中国法学理论自身的微妙处境，即“当代中国法学理论的精神处境相当特殊与微妙，即面临着‘现代’与‘后现代’

① 朱苏力：《反思法学的特点》，《读书》1998 年第 1 期。

的双重精神压力：一方面，作为一个后起的现代化国家，我们仍然面临着‘依法治国，建设社会主义法治国家’的迫切任务，需要通过建设现代化的法律制度以克服、铲除传统社会政治法律制度的弊端及其影响，这个任务当然地要求我们秉承启蒙时代的思想传统，高举理性的旗帜，坚定不移地反对封建专制，与传统法律文化的封建性因素彻底决裂；另一方面，我们又正处于后现代的语境之中，我国传统的法学理论目前正面临着后现代法学思潮和后现代哲学思潮的严峻挑战。后现代对法的现代性的解构，在一定意义上又解构了启蒙思想、启蒙理念与理性的权威，销蚀着人们的法治信念。可以说，在后现代的冲击下，我国法学理论研究方法正发生着重大的根本性的变革。”① 但是早在20世纪80年代中期就开始提倡“法学理论更新”的我国法学理论界，在心理上恐怕还很难承受后现代法学思潮的冲击。也许，拒绝后现代法学理论已是一厢情愿的事情，后现代对中国法学的影响已经不是有没有影响的问题，而是一个在多大程度上影响的问题。中国法学已不是简单地接受某一后现代的学说、理论，而是要用一种不同的思维方式来分析中国法学所面临的基本问题。在这样的知识背景下，中国法学不可能不进行一些后现代的思考。

（三）后现代女性主义的发展空间

由于种种原因，我国法学研究中目前尚未形成能以“女性主义法学”相称的议题明确的学术共同体。从上文中提到的我国法学界对待后现代主义的态度可看出，后现代主义在以建设现代法

---

① 葛洪义：《法学研究中的认识论问题》，《法学研究》2001年第2期。

治为使命的中国法学界里也并没有得到充足的研究空间。十多年前就有学者从法律的实践性、研究取向的功利性以及研究者资质等多个方面预测后现代主义难以在我国成为法学研究的热点。十多年后的局面证明当时的判断是正确的，我们的确没有出现大量的后现代法学理论研究。当然，借助社会科学的方法研究法律问题、对以西方为样本的法治模式的反思、对地方性经验与法治之间张力的研究等，还是获得了一定的生存空间。这从一个侧面证明，无论是出于自省还是基于外力推动，法学研究都会向一个视野上更加开阔、方法上更加多元的方向发展。

由此可以对后现代女性主义的发展空间作个预判：如果我们所拥有的，是一个将现代主义作为不可动摇的价值取向的法学研究场域，那么，以批判男性中心和西方中心的法学知识体系为己任的后现代女性主义就会始终处于一个边缘化的地位。这并不是“阶段性任务”使然，因为从学术研究的角度来看，并不存在所谓的阶段性任务而是各种研究都应有一定的生长空间。所谓的阶段性任务本就是一个在对现实情状有所判断的基础上结合利益考量而人为建构的产物。后现代主义或女性主义法学在我国的处境不过是功利化和专断化思维的必然结果。

在这一思维之下，当前对现代法治不会有过多批判与怀疑，所要做的无非是如何更好地将法律贯彻于日常生活。对于西方的现代化中出现的问题，即使要关注也不是当前最要紧的问题。在汲取西方法学理论养分的过程中，对于女性主义法学这一重要的法学流派，则又因为我国法学界长期存在性别盲点而被选择性地过滤掉了。极少有学者意识到这些都是极为重要的理论问题：法的公正性是以哪个性别为标准来确立的？作为法学之源头的法哲学中，那个法律主体是否是有性别的？缺少性别意识的法治建设就算成功是否最终也只是男性或特权者的法治？对于包括女性在内的诸多边缘群体来说，这样的法治不过意味着是换种方式的法律压迫？等等。这些看似是“女性”问题实则关系法律逻辑严整性的理论问题，在当下男性为主的学术场域中令人遗憾地缺席了。这并不是说学者们无所作为——当前的很多女性主义法学研究还是由男性学者完成的——而是说需要更多具有反思精神的、对研究怀有纯粹目的的学者加入到研究中来，至于研究者本身的生理性别并不重要。

在当前的法学研究中，后现代女性主义可以作为的领域非常广阔，这也是与它在法学研究中尚处于空白状况有关。具体来说，后现代女性主义可以作为理论工具，对法律或实践中的案例作出后现代女性主义视角的分析。在我们习惯于完全以现代理性搭建起的逻辑来分析法律问题的时候，实际上就等于留下了许多论证上的瑕疵，而后现代女性主义可以补足这种视角上的缺憾，更多维地来看待问题。除了作为理论工具，后现代女性主义还可作为一种新的法律思维，一种研究风格，开创出更多滞留在法律世界里所看不到的研究领域。这样的研究不再是从认识论层面使用后现代女性主义，而是在方法论层面将后现代女性主义作为法律问题的研究方法，侧重法律与社会现实的连接和对法律之外其他社会科学方法的运用，看重法治建设过程中传统的、地方性的经验，在论证过程中实现对解构手法的运用，在理论层面实现对现代性霸权的反思。

本书接下来将从理论与实务两个层面，以法律条文、刑法罪名、热点案件与议题等为文本进行后现代女性主义式的分析探讨。第三章法律主体的性别之辨是沿着后现代女性主义法学对作为西方法学立论之基础的二元对立论的批判道路，指出“理性”这一特质对应着男性经验和男性主体，现代法学理论中的法律主体，即法律上的人，是以男性为模板抽象而成的“人”，以女性为代表的一切被视为非理性之人被排斥在法律主体之外。第四章为强奸法的批判与重构，是从后现代女性主义视角审视强奸法。依据上一章“法律主体为男性”的认定，强奸法也是以男性视角和经验构造的法律，并不能导向对女性权益的全面保护。在对现代强奸法进行解构之后，提出了重构方案。第五章为离婚条款的变迁与妇女解放。这一部分是以后现代女性主义作为研究方法来展开我国婚姻法与妇女解放之关系的研究。笔者不满足于“共产党领导的革命解放妇女”这一笼统抽象的历史叙事，选择从离婚条款的变迁这个角度，结合革命/国家发展的不同历史阶段，呈现妇女解放这一多重权力关系交织其间的复杂历史过程，从而提供一种有关近现代妇女解放的法律认知框架。第六章以援交事件为例，关注这些“卖淫”女性的他者形象是如何被司法机关、媒体和民众的言说所构建起来的。她们被称为社会道德滑坡的牺牲者或教育失败的受害者，嵌入了社会治理的话语之中，属于这一群体自身的声音则被主流话语所掩盖。必须深入到援交者的生活世界中，循着她们真实的声音去寻找真正有效的未成年人权益保护方式。第七章是嫖宿幼女罪取消之后的冷思考。通过梳理该罪名从无到有再到取消的整个过程，可以看到“幼女的性自主能力”随法律条文的修改而变更，是法律建构的产物，幼女仍然是作为想象的“他者”参与到对嫖宿行为的惩治行动之中。至于幼女自身的主体地位，并未得到充分的探讨和尊重。第八章是从中美对比的角度来思考我国同性婚姻合法化的问题。由于同性恋以及婚姻都与各国、各地的文化紧密相连，笔者认为应当在尊重自身历史文化传统的基础上，以他国经验为借鉴来设计同性婚姻合法化的路径。我国的同性恋甚至可以从文化传统和历史经验中挖掘出反抗性的、异质性的思想资源，寻找一条属于自己的解放之路。

第三章

法律主体的性别之辩

法律主体作为法律规范的基本构成元素，是认识和理解法律的重要切入点。现代法学理论中以“理性”为基本特征的法律主体，却是后现代法学批评的对象。本章以后现代女性主义法学为视角，指出在后现代女性主义法学批评的作为西方法学立论之基础的二元对立论中，理性这一特质对应着男性经验和男性主体，现代法学理论中的法律主体，即法律上的人，实则是以男性为模板抽象而成的“人”，以女性为代表的一切被视为非理性之人被排斥在了法律主体之外。这也是为什么仅强调女性“与男性”在法律上平权的方案难以真正实现男女平等的原因之一。破除了二元论迷障的后现代女性主义为现代法学批判工作提供了一条新的思路。

一 法律主体性别问题的提出

（一）法律主体是没有性别的？

在哲学中，主体是与客体相对应的一组范畴，主体与客体各以对方的存在为自身存在的前提，各自只有在与对方的关系中才能获得自己的规定性。狭义的主体和客体不是以事物之间的作用，而是以人的活动的发出和指向为尺度来区分。在这个意义上，主体是活动着的人，客体则是人的活动所指向的对象。在这种狭义的主客体关系中，任何“物”都不可能具有主体的意义，只有“人”才可能成为主体。但在具体的主客体关系中，仅仅具有人的身份未必一定具有主体身份，主体必须是起能动性、主动性的和创造性的作用的人。我们通常所说的主体、客体及其相互关系，大体上是以狭义的主客体概念为前提的。①

主体在法学领域具有特定含义。在部门法中，如民事法律关系中的主体是指享受权利和负担义务的公民或法人；刑法中的犯罪主体是指因犯罪而负刑事责任的人；国际法主体指国家主权的行使者与义务的承担者。在思维形式更为抽象的法理学研究中，法律主体脱离部门法中具体的法律关系具有专门的定义。狄骥认为，法律主体就是“在事实上作为客观法律规则实施对象的实体”，“在世界上只是具有自觉意志的个人”才是法律主体，“因为只有个人才执掌着一种了解自己目的的自觉意志。因此只有自觉和能支配自己行为的个人才是法律的主体”。② 因此狄骥的法律主体概念排除了两类人：一是自然人以外的法人或组织；二是失去自觉意识的人、儿童和疯子。凯尔森将法律主体径直称为“法律上的人”，也就是“法律义务与法律权利的主体”，即“权利与义务的持有者”。因为“法学思想不满足于只看到某种人的行为或不行为组成义务或权利的内容，必须还存在着某个‘具

① 郭湛：《主体性哲学——人的存在及其意义》，中国人民大学出版社 2011 年版，第 9—10 页。

② ［法］莱翁·狄骥：《宪法论》第一卷，钱克新译，商务印书馆 1959 年版，第 324 页。

有’义务或权利的人物。”[①] 富勒从私法角度阐述法律主体，“私法中的主角是这样一位法律主体：他承担义务、享有权利，并被赋予了通过协议来解决自己同他人之间的纠纷的法定权利”。[②] 如此定义，还可列举很多，而诸多的意见都是将权利、义务的承载作为法律主体的本质所在，都是以“人”为核心构筑法律主体的内涵，简言之，法律主体就是法律上的人。[③] 那么，这个“法律上的人”究竟是什么人、年龄几何、什么性别、民族和种族，来自哪一个阶层或阶级？已有的法律主体理论告诉我们的是，这个“人”是消除了所有人的差别抽象而成的。“法律主体是一个非实体的、没有性别的、高度不完全的人……在法律世界中，我与他人都是法律主体，是享有权利和承担义务的理性主体。”[④] 这样的法律主体除了对人的认知能力有起码要求（儿童和精神病人是不完全的法律主体），对人的其他身份并无特别限定，因而也体现出了法律面前人人平等的精神。在法律主体这一概念之下，“强者与弱者、占有者与非占有者、弱小的个人与异常强大的群体都被等同视之”。[⑤] 同样的道理，女性也好男性也罢，都是无差别的法律上的人。

法律主体是“没有性别的”，是指女性和男性一样都可以成为法律主体，这是法律面前人人平等的现代精神在性别议题上的

---

① ［奥］凯尔森：《法与国家的一般理论》，沈宗灵译，中国大百科全书出版社1996年版，第105页。

② ［美］富勒：《法律的道德性》，郑戈译，商务印书馆2005年版，第31页。

③ 胡玉鸿：《法律主体概念及特性》，《法学研究》2008年第3期。

④ ［英］科斯塔斯·杜兹纳：《人权的终结》，郭春发译，江苏人民出版社2002年版，第253页。

⑤ ［德］G. 拉德布鲁赫：《法哲学》，王朴译，法律出版社2005年版，第133、134页。

反映。但是这并没有回答这样一个问题，作为整个法律规范世界构筑之基点的法律主体，它自始以来就是将女性视为与男性一样的“人”，并综合了男女两性全部特质的基础上抽象而成的吗？还是说，这个法律主体不过是启蒙时期以来政治学中反复言说的那个与国家面对的契约主体？如果是后者，那么女性事实上是从未被包括进去的。

（二）问题的提出

自由主义女性主义还没有提及法律主体的性别这一问题。与特定的时代和思想发展阶段有关，自由主义女性主义关注的是法律的工具性的一面，其法律任务是为无权的女性争取与男性平等的法律权利。法律是为女性争得作为“人”的基本权利的手段，而不是本身需要被质疑的、导致女性不能成为“人”的“元凶”之一。成为“与男人一样”的法律上的人，便是值得欢呼的胜利。也就是说，自由主义女性主义在法理学上的目标是女性获取与男性公民平等的法律主体性。①

女性最终同男性一样，也成为法律主体。这也是法律主体理论之所以宣称法律主体是“无性别”的缘由之一。然而，成为与男性一样的“法律上的人”，并不意味着法律面前真正的男女平等了——因为事实上，女性和男性本就是存在诸多差异的，依据男性这一法律人的标准制定的法律，如何可能保证对女性会平等——就像没有规则制定权的人和规则制定者的关系一样，这样的规则如何可能保证对没有参与制定规则的人真正平等？随着女

① ［英］韦恩·莫里森：《法理学》，李桂林等译，武汉大学出版社2003年版，第515页。

性主义不断深入发展，尤其是受后现代思潮影响之后，女性主义法学开始关注法律的象征意义、关注法律对“先于”它本身存在的性别差异的反映。在这些女性主义法学家看来，法律（和国家）的合理性结构、决策结构和解决方式的结构都是以男性为中心的，法律不可能（用法治、平等、权利、正义等观念）创设正义的社会关系。[①] 普兰·德·巴雷说：“制定和编纂法律的人都是男人，他们袒护男人，而法理学家把这些法律上升为原则。”[②] 这些女性主义法学观点对于女性问题与法律之间关系的复杂性有了更深刻的认识，现有的法律看起来不过是男性依据自身的经验拟定的规则，它未将女性与男性客观上存在的差异考虑在内，会对女性不公平。法律主体的性别问题开始浮现出来。

（三）立论之基础

后现代女性主义直接指出：法律主体暗含是一名男性。这一结论建立在这样一个逻辑起点之上，即作为西方法学认识论之基础的二元对立论。

奥尔森曾在《女权主义和批判法律理论》中提到：也许是柏拉图时代以来，我们大多数人的思维结构就是一系列复杂的二元论：理性/非理性、思想/感觉、主动/被动、文化/自然、客观/主观、抽象/具体，等等。二元论有这样几个特点：首先，它是性别化的，前一元被认为是男性气质，后一元被认为是女性气质；如男性对应于理性、思想、主动、文化、客观，等等，女性

---

① ［英］韦恩·莫里森：《法理学》，李桂林等译，武汉大学出版社 2003 年版，第 513 页。

② ［法］西蒙娜·德·波伏娃：《第二性》，陶铁柱译，中国书籍出版社 1997 年版，第 18 页。

则相反。这样的区分从表面上看似乎没有问题，但是需要注意的是，二元论同时是等级制的，一元支配与限定另一元，非理性是理性的缺失，思想比感觉更重要。后现代主义大师雅克·德里达也曾指出，当我们使用——男性/女性、灵魂/躯体、精神/物质等——二元概念时，“我们不仅使这两个术语在含义上相互对立，同时也以等级秩序排列的方式赋予前者以优先权”。于是，思考是优先感受的、抽象是优先具体的、一般是优于特别的。以两组常用的英语反义词的词源为例，如在“男人”（man）和“女人”（woman），“男性”（male）和“女性”（female）中，可以看到前者是先于并优于后者的。

现代法学语境之下的法律主体通常被强调的特质是：它是理性、自治的契约主体。这样的定位并没有强调现实世界中的人的具体身份、特质，似乎也就没有点明这样的主体就是男性。但是依据二元论的特点，所谓的理性、客观、自治，分明是与男性一样列于二元论中处于高级的一元。奥尔森指出，法律认同等级优越的男性气质，法律被要求像男人一样是理性的、客观的、抽象的和原则的；而并不被期望像女人一样是非理性的、主观的、联系的和个人化的。假如法律主体就是男性，以这样一个法律主体为起始点建构而成的法律规范会适合女性吗？后现代女性主义认为，如果是这样，那么女性将会被迫在一个依据男性的经验设计的框架内表达自己。这一框架通过假设一种特殊的有关“正常”的主体的形象，系统地将体验的特别之处和权力失衡的某些重要问题排除于法庭。所以，在后现代女性主义看来，所谓的无差别对待的“抽象”技术其实是一种意识形态，要去问什么被抽象了以及是如何被抽象的。朱迪斯·贝尔指出：现实世界被按性别区分了——男性和女性是如此泾渭分明，以致男性所发展的理论非常不适宜女性。因此，要对以男性为中心的理论作出修正，就是让女性自觉从女性的身份出发，去思考被性别化的现实世界，从而形成自己的理论。①

不只是可从理论思辨获得这一结论。倘若带着性别视角去梳理法律主体的形成历史，或者去寻访那些为二元论做出贡献的西方先哲们有关女性的言说，便可发现，女性被排斥在“正常人”范围之外的历史由来已久。已有的这些讯息足可与以上的理论推演相互印证。

二　历史：女性在法律主体上的缺席

纵观西方法律发展史，我们会发现，女性并非自始就在法律上被视为和男性一样的人。在漫长的法律发展过程中，女性一度被排斥在“人”的范畴之外，如科特威尔所说，“已婚妇女在特殊的社会和时代，会和奴隶、儿童、精神病患者、囚犯一道，部分或全部地在法律中抹去，他们在订立契约、占有财产、进行诉讼方面仅有被限制的法律能力，他们根本不被当作人来考虑，就像是‘无行为能力的人’”。② 男性或许会因为阶层、身份等原因不被视为法律上的人，女性则是因为其性别而与儿童、精神病、囚犯列在一起，不被视为法律上的人，是一种“非人”的存在。

---

① ［美］朱迪斯·贝尔：《女性的法律生活》，熊湘怡译，北京大学出版社 2010 年版，第 32 页。

② ［英］罗杰·科特威尔：《法律社会学导论》，潘大松等译，华夏出版社 1989 年版，第 144 页。

(一) 古希腊的法律制度

古希腊是欧洲最先出现奴隶制国家和法律的地区，流传下来的法律文本很少，但是可以从关于古希腊的历史资料中获得一些与当时女性状况有关的法律信息。

这些资料呈现出来的情形是，在古希腊早期，女性还享有较高的社会地位。对此的一种解释是，早期希腊各城邦尚未形成完整意义上的国家，即当时的希腊在很大程度上还保留着原始社会的痕迹；其次，希腊人崇尚自然，认为与自然和谐地生活才是最高的善。① 因此在古希腊早期似乎还看不出女性的生活空间被规范的迹象。然而，从荷马时代开始，女性开始离开公共场所，回到家庭空间中。之后的雅典、斯巴达的法律也显示出相似的特点：女性从可以有较大的活动空间到慢慢被教导为要拥有娴静的特点，不得发表意见。② 女性从进行政治活动的公共空间中退回到家庭生活空间，就是女性与完整意义上的、可参与政治生活、面对国家的法律主体绝缘的开始。在雅典政治生活中，只有男子才有相应的政治权利。亚里士多德的《雅典政制》一书在谈及雅典政治生活时指出，当时，年满 18 岁的男丁有权参加政治活动，男丁在结婚时可以暂时脱离公务，度过一段假期。与男性享有政治权利相反，女性在政治上永远是个未成年人——其地位与家庭奴隶相仿，而且一生都受男人的监护。③

---

① 孙文恺：《法律的性别分析》，法律出版社 2009 年版，第 42 页。

② ［古希腊］普鲁塔克：《希腊罗马名人传》（上册），陆永庭、吴彭鹏等译，商务印书馆 1990 年版，第 162 页。

③ 孙文恺：《法律的性别分析》，法律出版社 2009 年版，第 44 页。

（二）《汉穆拉比法典》的相关规定

《汉穆拉比法典》是迄今为止保留下来最完整的古代法典，是古巴比伦第六代国王汉穆拉比在位期间（公元前1792—前1750年）制定的，也是考察人类早期法律的重要资料。从法典中可以看到，尽管当时的妇女担负大量的劳动，甚至可以经商，但是法律确立了家长制和夫权的地位，男性可以将妻子和子女出卖以抵债务。如法典第117条规定，倘自由民因负有债务，将其妻、其子或其女出卖，或交出以为债奴，则他们在其买者或债权者之家服役应为三年；至第四年应恢复其自由。这在某种程度上意味着妻子不具有和丈夫同等的人格，她近似于丈夫的物产，可以随意处置。①

（三）《摩奴法论》对女性的贬抑

《摩奴法论》是古印度诸多法经和法论中最重要的一种。它不是国家颁布的法典，而是婆罗门教祭司根据吠陀经典、累世传承的习惯编成的教律和法律结合为一的作品，对古印度以前的法律、教义和习惯进行了较好概括的同时，又对古印度后期甚至其后的印度社会产生了深远影响。

在《摩奴法论》中，妇女没有独立人格，其行为严格限定在家庭生活领域，而且要受到父权与夫权的约束，父亲或丈夫要对她行使监护权。如《摩奴法论》中规定：妇女“应该经常快乐，巧妙地处理家务，特别注意家具，节约支出”。尽管承担这些工

---

① 孙文恺：《法律的性别分析》，法律出版社2009年版，第47页。

作，女性家庭地位却是很低的，无论是姑娘、青年妇女还是老年妇女，即便在自己的家中也不能随便处理事情。“妇女少年时应该从父；青年时从夫；夫死从子；无子从丈夫的近亲族，没有这些近亲族，从国王，妇女始终不应该随意自主。”① 从这个规定里可以看到，《摩奴法论》为妇女严格设定了父权、夫权和监护权。

不仅如此，《摩奴法论》还认为妇女“贪恋男人、朝三暮四、天生无情”，她们贪睡、偷懒、爱打扮，好色、易怒、说假话、心狠、行为可恶，因此《摩奴法论》把不接近被月经所污妇女看作戒律，因为“亲近了不净的女子，男人的智慧、精力、气力、眼力和寿命就减少。忌讳了不净的女子，他的智慧、精力、气力、眼力和寿命就增长”。②

（四）罗马法对女性的界定

罗马法对后世的影响巨大。在罗马法中，女性是没有独立人格的。具体表现在女性无论成长到哪一阶段，都没有自主的权利，而是要受到诸种限制。比如妇女即便在家长、丈夫死亡而成为自权人的情况下，仍需由近亲属实施监护，她们所为一切重大法律行为均需获得监护人的同意。据说这是因为妇女同男人相比，缺乏经验、容易受人欺骗、容易挥霍家产损害继承人的利益。“女性即便达到了成熟年龄，由于其心灵的轻浮，均应受到

---

① 《摩奴法典》，[法] 迭朗善译，马香雪转译，商务印书馆 1985 年版，第 130 页。

② 《摩奴法论》，蒋忠新译，中国社会科学出版社 1986 年版，第 70 页。

监护。”[①] 从罗马法的历史发展看，由于妇女的对抗，法律对妇女权利的限制是逐渐松动的。古代罗马妇女的社会、法律地位比古代世界其他地区妇女相应地位要高一些。

在日耳曼法中，也有夫权、家长权的规定，之后的教会法亦然，始终将女性固着在从属地位上。虽然从总体上看，随着历史的发展，女性的法律地位逐渐在提高，但是，将女性排斥在政治领域之外，将其视为与男性不同的、形同孩童的无行为能力人的法律传统对后世影响至远，即便是以“自由、平等、博爱”为口号夺取了政权的法国资产阶级，在革命胜利后通过的《拿破仑民法典》中同样有许多对女性的限制条款，如《法典》明确规定了家长制，妇女在家庭财产的管理、赠与等法律行为中受夫权的限制。这些限制还涉及女性的缔约能力、遗嘱执行能力、监护乃至诉讼能力等诸多方面。[②] 失去了对社会财富的占有和支配，失去了行动能力和人身自由，女性也就几乎丧失了法律制度乃至社会生活中的独立人格。

从以上对西方古代法典的梳理中可以看到，女性在法律上不被视为与男性一样的人。其缘由，按照法律条文的逻辑似是因为女性是未完成的人、未成年人、是需要被监护的，即便是到了成年。也就是说，法律默认，作为一个“人”所具备的“理性”，女性是不具有的，因此她也无法享有作为一个基本的法律人所有的财产权，没有财产就没有法律独立人格。只有在男性的监护之下，女性才能成为比较完整的社会人。与此相对应的是这些特定

---

① ［古罗马］盖尤斯：《法学阶梯》，黄风译，中国政法大学出版社 1996 年版，第 56 页。

② 《拿破仑法典》，李浩培、吴传颐、孙鸣岗译，商务印书馆 1979 年版，第 391、393、980、1124 等条的规定。

的历史时期和国度里的女性在社会中的真实状态，因为“一个种族、一个阶级或一个性别在社会中的从属地位总是体现在有关国家的法律和政治制度中……妇女作为从属的、被压迫的性别，在国家法律中也处于与此相应的地位”。[①] 女性以“非人”状态被排斥在法律主体之外，其生活经验和生命特质也不会为法律所考量，法律上的人就是男人。

三 未完成的人：西方哲人对女性的贬低

不只是法律，与法律规定相对称出现的，是西方哲人们对待女性的态度。这些在西方历史乃至法律发展史上占据重要地位的哲人，在涉及国家、法律等主题时头脑清晰，表述严谨，但一提及女性，他们或是语焉不详，或是彻底暴露其轻视女性的态度。

柏拉图曾说：“一个男人可能会因为胆怯或不正经，下辈子被罚做女人。”其对女性之态度可见一斑。在《共和国》一书中，他认为未来的统治者、导师不应接近女人、奴隶和下等人。他认为女人贪婪、野心勃勃，会贬抑她的后代和丈夫。虽然“从照看公共财产的角度看，女人与男人的人性是一样的”，因此女人可以做公共财产的监护人（也可做城邦的护卫者，但有一个前提，这些优异的妇女必须公有，妇女与财产就没有多大区别了），但他仍然认为，具有这种天赋的女人少于男人，“女人在各个方

---

① ［德］奥古斯特·倍倍尔：《妇女与社会主义》，葛斯、朱霞译，中央编译出版社 1995 年版，第 273 页。

面都是弱者”。[①] 公元前4世纪的《律法》一书中记载着他的话：“女人天生的道德潜能劣于男人，因此她相应地就是个更大的危险，也许要比男人危险一倍。”[②] 女人能否成为哲学王呢？柏拉图在《帝迈欧篇》中明显做出了否定的回答：女人在自然构造上低于男人，完备的理性不可能体现在女人身上，她们缺乏一种追求真理的能力与主动性。在《政治学》中，亚里士多德也明确指出，男人的德性在于发号施令，女人的德性在于服从。男性高于女性，女性是男性有缺陷的、发展不完备的形态。这便是亚里士多德对女性的基本认识。

古代哲学家如此，近代哲人们也没有改变多少。黑格尔在《法哲学原理》中，以断言的形式，给出了女人不适合政治生活的原因，他认为女人像植物，安静而舒展，她们活在表象的氛围之中，信赖主观直觉，在逻辑上，家庭就是她们唯一能把握的具体统一性，这是由自然生命的差异所决定的，至于为什么有这样的差异，黑格尔也承认“不知道怎么回事”。[③] 法国思想家卢梭攻击所有的社会不公正，却唯独不触及男女之间的不平等，他在《爱弥儿》中写道，女人依靠男人的感觉而活，依靠男人对她们的奖赏而活，依靠男人对她们的吸引力、对她们的美德所设定的价值而活。[④]

叔本华也认为女性需要依赖男性而活。他说，女人本身是幼稚而不成熟的，她们轻佻琐碎、缺乏远见；简而言之，她们永远

---

① 转引自李银河《女性主义》，山东人民出版社2005年版，第8页。

② 同上。

③ ［德］黑格尔：《法哲学原理》，范扬、张企泰译，商务印书馆2009年版，第183页。

④ 转引自李银河《女性主义》，山东人民出版社2005年版，第8页。

不会成熟，只能是大孩子——是介于儿童与成年人之间的一种中间体。他反对女性拥有财产，“女人从本性上来说意味着服从，对于这一点，我们可以把它看作这样一个事实，即每一位处于完全独立的非自然位置上的女人都要直接依附于某个男人，使自己接受他的统治和支配。这是因为她需要一位丈夫和主人”。尼采则认为，所有衰退的、病态的、腐败的文化都会有一种“女性”的味道。女性在他那里成为一个完全贬义的形容词。

康德在哲学中强调理性和客观性，但是，在关于理性与客观性的辩论中，所谓“理性”完全是一副男性的面孔，也就是说，他将“人”等同于男性模式，并且仅仅在与男性的关系中定义女性，强调妻子对丈夫的服从，排斥女性的智力与政治权利。在他看来，女性的天性完全由自然需要来定义，缺乏主见。由于这些弱点，女人需要男人的保护。他还说，只有女人想做男人，没有男人想做女人。他的这些看法被认为是性别偏见在哲学领域中的典型体现。[①]

四　超越男性主体：后现代女性主义的方案

法律中的女性与哲人们言说中的女性具有共同点：不具有（男性才有的）理性，因而被排斥在主体世界之外，只能由有理性的人来为其代言。这间接印证了二元论贯穿于法律发展史和观念史中。既然女性已先天地被排斥在那个具有理性思维能力的

① 转引自李银河《女性主义》，山东人民出版社2005年版，第9页。

“人”之外，那么法律反映的自然不会是女性的经验。法律主体虽然是人，但是是有理性的个体，受制于认知能力，生活在公共领域中。这个主体是典型的契约主体，是从对情感和身体等的依赖中抽象出来的理性主体。后现代女性主义认定，这样的法律主体就被默认为是男性。后现代女性主义要批评的，正是建立在二元论基础之上的法律建构。

如朱迪斯·贝尔所指出的，法律的男性偏见根植于男人将生活区分为公共领域与私人领域、正义与关怀、主体与客体、权利与责任，同时也根植于男人指定了女人的专属领域与责任。① 因此，她指出，二元对立理论是有危害的，而理论上看似合理的二元论在实践中也将失去价值。而且，过分依赖二元论并不是女性主义者从被其批判的传统认识论中拷贝的唯一错误。通过类似的“男性的”与“女性的”二元论来描述这类活动就会陷入误区，因为多数人类活动都需要超越性别界限把各种技能融合在一起。所以，如果在确认了法律主体的性别之后，继续探讨法律的解决方案，就不能继续在二元论里打转，而是应当超越二元论。而超越二元论的方案，已经由后现代女性主义递交出来。

后现代女性主义从根本上反对西方知识结构中最为根深蒂固的两分主义，向传统两分论发起挑战，例如，反对把事物分成不是这样就是那样、你与我、好与坏、高与低，等等。同时包括向理性与非理性、主观与客观、文化与自然这样经典的两分概念提出质疑。它提出另一种思维模式，即整合的思维模式，其中包括为女性赋予价值的模式、反对二元提倡多元的模式、差异政治的

① ［美］朱迪斯·贝尔：《女性的法律生活》，熊湘怡译，北京大学出版社 2010 年版，第 108 页。

模式（其中包括种族、民族、阶级、性别和性倾向的差异），以及重视他人的模式等。①

后现代女性主义不仅反对性别的两分，而且反对性别概念本身，反对那种以为性别是天生的、不可改变的思想。她们不认为女性就必须具有抚养性，就应当受保护，她们十分重视性别之外的种族、阶级、国家、民族及性倾向的区别，并认为这些区别都不仅仅同生理原因有关，而是从社会和心理上对生理区别做出的解释，是为了把人划分为不同的等级。她们所关注的不是向性别主义和种族主义挑战，而是敦促人们彻底摈弃男性女性、黑人白人这些词语，不要把这些词语当作跨越时空和文化的、不可改变的、唯一的、本质的类别。具有反本质主义特点的后现代女性主义通过向后现代思潮汲取养料，成功地解构了那个强悍的“主体”，将性别及性别差异都视为“话语”的产物，从而二元对立的结构得到消解，一个可以通过不断的性别操演②来创造“话语”的自由时代到来了。那么，超越二元论之后的法律会是怎样一副图景？

传统的人文主义把人视为一个自给自足的主体，具有一个独特的固定的本质。“人”的本质在不同形式的话语中也呈现出不同的面孔，在自由主义政治哲学话语里，它是统一、理性的意

① 转引自李银河《女性主义》，山东人民出版社2005年版，第62页。

② “操演”译自英文“performativity”，是著名的美国后现代女性主义学者朱迪斯·巴特勒（Judith Butler）的理论体系中的核心概念，意旨通过身体的实践来建构/重建主体。有译作“表演”、“述行”，笔者认为，由于“表演”容易与“舞台表演”相混淆，“述行”过于抽象，“操演”包含了“操作”和“呈现”两个过程，似乎更为贴近巴特勒的思想。参见［美］朱迪斯·巴特勒《性别麻烦：女性主义与身份的颠覆》，宋素凤译，上海三联书店2009年版。

识；在马克思主义话语里，是被异化的人；到了自由主义女性话语中，又是本质的女性。无论是理性的意识、异化的人或本质的女性，都预设了一个统一的“自我”，这个自我是一切意义的源头与保证。而后现代主义大师福柯却在哲学层面上，对人的“先验性”和“自主性”表示怀疑。这就是福柯著名的关于“人已死”的论断。在他看来，人是话语构建的产物，以此西方哲学史中作为各种人文主义的假设性的理论前提即“人类中心论”也就此瓦解。受福柯影响，后现代女性主义者的理论工作，就是在“主体”已消解的情况下，重建女性的话语和重塑女性主体。而这项工作又是建立在对与“主体”相连的“性别”问题的重新认识的基础之上的。

既然那个绝对的、唯一的、本质的“主体”已经消解，那么怎么来看待“性别”这一后现代女性主义十分重视的概念？正如前文已提及的，在女性主义学者看来，既然绝对化的“主体”是不存在的，那么“性别”同样是一个很可疑的概念。这里必须要提到后现代女性主义的代表人物朱迪斯·巴特勒。她借用福柯的语言考古学，主张“语言塑造主体”，即主体是由社会法则所塑造的，正如同“语言言说言说者”。同样，所谓的性别没有社会与生理之分，它只是一种社会法则，具有建立在权力基础上的合法性，并且相对地封闭（也就是说必须排斥不符合这种法则的他者），被反复引用，这种引用的结果就是书写出我们（具有性别特征）的身体，建立起我们的主体。然而，语言言说言说者未必成功，引用也可能会失败，于是，被排斥的被放逐的他者，女性、同性恋者、有色人种、劳工阶级时时刻刻威胁着那个规范的主体，他们提醒我们意义重组和主体重建的必要性和紧迫性。

巴特勒对女性主义的贡献正在于她借助重读波伏娃而解构了生理性别与社会性别的对立，至于如何来进行意义重组和主体重建，她提出的解决方案就是著名的性别操演的概念。“操演性”指的是能够将所命名的事物形成或付诸行动，并在此过程中显示话语的建构力量，达到表达潜在意图的目的。通常，操演行为会通过重复、重申，形成一定的语言成规，以某种特定的方式，达到特定的效果。性别操演可视为是建构/重建主体的重要途径，具体操作过程即巴特勒提出来的“变装”与“戏拟”，这里的“变装”与“戏拟”不同于演员进行的表演，[①] 而是指基于社会建构基础上的重建，因此也绝非随心所欲或心血来潮的空中楼阁。[②]

“性别是‘操演性’的”意味着：首先，性别身份永远不可达成，相反，它需要通过操演和模仿不断地重复或重申。其次，性别概念或性别之间没有严格的界线，它们的界线是可突破的，等待创造性地重新定形。通过“识别的和实践的交叉点”，男性/阳性与女性/阴性范畴的对立就可以被打破。作为身份类别及其特征的女人/女性/女性气质和男人/男性/男性气质，都不再具有固定不变的涵义。于是，那些被排斥被放逐的他者，得以寻到重返的门户，而重返所引发的主体重建，才是性别操演的真正意义所在。这里的他者，不只是男性主体之外的女性，还包括一切被权力排斥在外的弱势族群。而且，以巴特勒为代表的后现代女性

① 例如，京剧里的乾旦就不是“性别操演”，因为男性演员只是在舞台上以女性形象出现，并不是在其个体生命历程中通过身体实践或性别越界来确立自我，因此也丝毫不具有后现代的深刻的颠覆性。所谓的“变装”与“戏拟”，不是发生在舞台上，而是在实际的性别操作过程中。

② ［美］朱迪斯·巴特勒：《性别麻烦：女性主义与身份的颠覆》，宋素凤译，上海三联书店2009年版，第5页。

主义所关注的不只是女性，还有种族、阶级与性别的交叉影响。这是性别研究的整体走向，是女性的解放，也是男人的解放，最终通向的是人的解放。

前文中已经指出，在二元论的框架内所进行的法律修订，仍然是以男性主体为标准的修订，女性并未成为真正的主体。只有当女性也成为主体，与男性共享话语权力，才可能出现真正男女平等的法律。也就是说，只有当理论界中的主体不再是唯一的男性，女性以及其他被排斥的他者得以进入历史并为自己书写历史，在生活界里的法律、道德、伦理等各种社会规范才能真正做到男女平等。巴特勒为我们提出了一个方案，就是以所谓的性别操演的方式来重建主体。既然主体有可能得到重建，那么也就消解了法律的性别问题，或者说形成了一种超越了性别的法律，这样的法律，应当是往公正性与客观性的方向更前进一步了。当然，我们可以说这只是一种理论思想，但谁又能断言这样的法律一定不会出现？

后现代女性主义诞生之后，法律的性别问题逐渐被提出来。由于法律主体事实上是男性，法律是以男性作为“人”的模型建构起来，法律的公正性与客观性受到了质疑。法律的性别应该是怎样的？法律不应当是“男性的”，当然也不是走到反面成为“女性的”，后现代女性主义者提供了一种方案，即在理论上同时也可能在实践中实现对原来的二元对立论的消解。理论上，自福柯以来的后现代的主题就是消解主体，“人已死”，于是男性的主体地位受到挑战，主体与客体，男与女等二元对立结构被打破，被主体放逐的那些他者，如同性恋、有色人种、劳工阶级，等等，都可以参与到自身的话语构建工作中。在实践中，可以参考巴特勒提出的办法，即让越来越多的人参与到“性别操演”的实践中，消泯现实世界中性别之间的界限，如此，两性之间的冲突有望平息，两性平等有望实现，法律不再是性别压迫的“帮凶”，而是建立在重建的自由“主体”之上，成为调节“人”与“人”之间（而不是男人与女人之间，或阶级与阶级之间）关系的规范，此时的法律已真正成为“无性”的法律。

第四章

强奸法的批判与重构

强奸是西方女性主义诞生以来重点关注的议题之一。对于强奸的实质，女性主义从性别角度提供了不同以往的解读。在女性主义影响之下形成的女性主义法学也将强奸作为核心研究问题，致力于借助法律之力量使女性免于强奸恐惧。由于女性主义各流派有着不同的理论渊源，在强奸问题上，女性主义法学的研究路径也存在差别。自由主义女性主义法学在默认自由主义框架之下的现代强奸法构架合理无误的前提下，以关注司法体系对强奸行为的公正处断、为受害女性提供援助等方式来实现法律正义。受后现代思潮影响的女性主义法学则延续着后现代对于现代性的批判态度，对以启蒙时期缔造的理性主体为中心建立的现代法律体系所承诺的正义保持怀疑。在后现代理论视角打量之下，强奸法是以男性视角和男性经验构造的法律，它并不能导向对女性权益的全面保护。依此逻辑，修改强奸法成为必然。

一　女性主义的强奸研究

强奸在人类社会中存在已久，为了遏制强奸的发生，需要对其发生机制进行有效解释。不同领域的学者都曾对此展开研究。但是直至女性主义产生之前，都鲜有研究触及强奸与性别之间的深层关系。

例如心理学领域中性精神紊乱研究的先驱克拉夫特·埃宾只是将强奸者视为退化、低能的男性，但是对于强奸者为什么多是男性这一问题并没有给出答案。对人类性心理、性行为有深入研究的心理学家弗洛伊德，并没有将其坚持的阴茎中心论延伸到强奸问题上，继续探讨阴茎作为象征性武器在现实生活中的作用。海伦娜·道尔奇和卡伦·霍奈伊研究过女性对强奸的恐惧及幻想，但是没有将这种恐惧和幻想与男女两性的社会现实联系起来。作为社会主义理论家的马克思和恩格斯对女性所受的压迫有透彻的认识——比如资本主义制度下女性受到资本主义和父权制的双重压迫——但是在强奸问题上未置一词。奥古斯塔·倍倍尔注意到了强奸的历史意义，探索过强奸在阶级、私有财产和生产资料形成过程中的作用。虽然他将强奸视为劳动力的需要的观点未必正确，但至少具有了研究强奸问题的社会视野。威尔姆·赖希在《性革命》中提出了男性强奸思想，但没有再对此进行深入探讨。①

在社会整体层面，探讨作为社会现象（而非个体行为）的强奸与社会的男权属性之间的关系，是西方女性主义理解强奸问题的主要思路。1971 年，美国学者格里芬发表了一篇影响深远的名为《强奸：全美国的罪行》的文章。在这篇文章里，格里芬指出，强奸虽然是极少数男人犯的罪行，但恐吓的却是每一个女性。强奸本质上是男权统治女性的武器。这一年因此也被学者们

① ［美］苏珊·布朗米勒：《违背我们的意愿》，祝吉芳译，江苏人民出版社 2006 年版，第 5—6 页。

视为关注强奸问题的肇始年份。1975 年，苏珊·布朗米勒研究强奸问题的力著《违背我们的意愿》问世，强奸这一话题开始占据女性主义理论的中心地位。在这本著作里，苏珊·布朗米勒用了大量历史资料和案例来说明她的观点——强奸是男人使女人处于恐惧之中的一种有意识的过程。①

女性主义的强奸研究摆脱了将强奸视为孤立的犯罪行为的认识，将强奸视为男权社会用以延续对女性的统治的方式。尽管强奸也会要受到法律的处罚，但这并不能证明法律做到了对女性经验的足够重视，女性主义法学从法律的角度延续了对强奸的研究。

二　女性主义法学的强奸研究

在女性主义对强奸的认识的基础上，女性主义法学进一步发展对法律与强奸之关系的研究，诸如法律将怎样的行为认定为强奸、为何如此认定、这样的认定对于强奸行为的防治以及现实中的受害者产生了何种影响，等等，都在女性主义法学的研究之列。

由于女性主义本身流派纷呈，对于男女不平等产生原因有不同解释，对于如何保护妇女权益也有不同方案，因此不同的女性主义法学流派在对待强奸问题上也形成了不同观点。例如受启蒙思想影响的自由主义女性主义法学在男女平等的问题上，认为女性之所以处于与男性不平等的地位，是因为女性未曾获得与男性同等的发展的权利，一旦女性能够和男人一样，得到受教育权、劳动权和选举权等一系列基本权利，女性将改变处于弱势的地位，

---

① ［美］苏珊·布朗米勒：《违背我们的意愿》，祝吉芳译，江苏人民出版社 2006 年版，第 5—6 页。

实现男女平等。为了要证明女性本应获得这些权利，自由主义女性主义认为首先需要证明女性与男性是一样的人，即两性具有同一性，在同一的前提之下才可推导出权利的同一。法律在其中扮演的角色，就是突破原来的将女性排斥在权利之外的格局，将女性视为和男性具有相同地位的权利主体，赋予其与男性一样的各种法律权利。如何通过法律的方式为女性争取与男性平等的权利就成为这一女性主义流派思考的问题。具体到强奸问题上，自由主义女性主义法学主要关注法律及司法体系对强奸行为是否公正处断，如何为女性提供有效的强奸咨询，为强奸的受害者争取权利，等等。总体而言，自由主义女性主义法学是在既有法律框架之内寻求保护女性权利的方案，对法律本身并无批判与质疑。①

进入到20世纪六七十年代，受后现代思潮影响的激进女性主义法学诞生。和自由主义女性主义法学对既有法律框架持接受态度不同，激进女性主义法学承袭了后现代主义对现代法学的批评立场，② 她们将妇女的从属地位归咎为现代政治和法律结构，

---

① 女性主义法学经历了三个历史发展阶段，即“争取与男性形式上的平等”的第一阶段，发现“妇女有别于男性”的第二阶段和进入“后现代主义”的第三个发展阶段。见 Patricia A. Cain, *Feminism and the Limits of Equality*, *from Feminist Legal Theory*: *Foundations*, edited by D. Kelly Weisberg, Temple University Press, 1991, p. 237.

② 后现代思潮形成之后，很快影响到了哲学、法学等社会科学领域。20 世纪的最后十年，“后现代主义”进入了法理学和法哲学。后现代法学面对 20 世纪后半叶以来西方法律传统的危机，向现代法学的基本理念发出挑战。它把矛头指向现代法律和法学的基本原则和理念，揭露现代法律制度和法律规则在维护现行统治、保护强者和富人的利益时，漠视和侵犯了弱者和穷人的利益。研究者们运用各种新的方法，采用不同于现代主流法学的认识论和解释方法，重新解释法律的基本原则，纠正法律的偏差。否定理性个人作为法律主体的存在，否定对于法律发展的乐观描述，否定法律的普遍性意义，否定法律中立的原则，等等。见信春鹰《后现代法学：为法治探索未来》，《中国社会科学》2000 年第 5 期。

把男性和女性之间的关系看作是法律所支持的压迫关系。[①] 也就是说，激进女性主义法学质疑在自由主义法学结构之内寻求平等的做法，否定现代法学的基本范畴，主张寻找法律的重构之路。[②] 激进女性主义法学以质疑构成现代法治之基础的“理性”范畴出发，批驳现代法学与现代法治对女性的排斥。在她们看来，妇女的“理性”和男人的“理性”是不同的，而现代法学体系得以建立的前提——“人类理性”中的“人”其实是“男人”。“男人”的理性就是“人类”的理性。启蒙以来的自由平等权利以及法治模式，是以男性作为唯一主体建立起来的。

因此，自由主义女性主义法学对男女平等的法律权利的诉求，是以男性为标准的诉求，女性虽然也从中获益，比如获得之前所没有的诸种权利，但是由于将女性视为男性意味着将属于女性的经验排斥在外，女性仍然可能面临权利保障不足的问题。而根据男女同一的逻辑建立的法治模型看似为女性提供了参与社会公共生活的可能性，但这种可能性是以忽视女性的存在和行动特征为条件的。这使得女性在传统的男性空间（比如行政机构、法院和立法机构）中需要以否定自身性别特质并习得男性化特质的方式来获得发展机会。

激进女性主义法学提醒我们注意，这种以男性为唯一主体、以“理性”为基础构筑的现代法治模型在公正性上存有瑕疵，尤

① 信春鹰：《后现代法学：为法治探索未来》，《中国社会科学》2000 年第 5 期。

② 代表性的人物及其作品如：Catharine A. MacKinnon, *Toward a Feminist Theory of State*, 1989; Katharine T. Bartlett, *Feminist Legal Methods*, 1991, Edited Feminist Legal Theory Reading in Law and Gender, 1991; MaryJoe Frug, “A Postmodern Feminist Legal Manifesto (An Unfinished Draft)”, *Harvard Law Review*, Vol. 105, No. 5 (Mar., 1992), pp. 1045 – 1075.

其在面临涉及性别关系的问题时，这套法治模式的局限会更为明显。例如强奸问题。强奸行为中加害者与受害者具有基本稳定的性别身份，这意味着对强奸行为的认识必然有区别与其他类型的暴力行为的维度。不考虑性别与强奸之间的关系，将加害人与受害者视为具有相同的自由意志的主体，可能导致对女性受害者的经验的重视不够，也不利于强奸的惩治，而这正是自由主义女性主义法学的研究思路。激进女性主义法学由对事实的关心转为对法律本身的关心，对强奸法的条文及其实施效果抱有怀疑，并通过对强奸法的批判，体现出对现代法治的不同态度。

三　后现代女性主义法学对强奸法的批判

（一）批判的路径：话语—权力

后现代女性主义法学对强奸法的批判沿“话语—权力”分析路径进行。话语一词通常有两种意义，一种是语言学意义上的，一种是社会意义上的。语言学意义上的话语是指连接在一起的口头或书面的片段。话语分析就是研究这些片段或语篇是怎样组织在一起的，以及它们在沟通活动中是怎样被使用的。社会意义上的话语，即把话语视为更加抽象的社会现象，是指发生于一个社会内部、围绕一个问题或一组问题进行的大范围讨论，如惩罚的话语、性的话语。这一意义上的话语不仅是谈论某事的方式，还是就该事进行思考和采取行动的方式，这往往关系到权力，在社会中占据优势的话语反映了该社会的权力结构。对话语的这一认识来自于后现代大师福柯，在《事物的秩序》和《知识考古学》

中，他提出话语概念并阐释了话语与权力的关系。

这两种意义上的话语在法律领域内都有所体现。语言学意义上的话语表现为构成法庭证据、结束性辩论、律师—委托人面谈、当事人之间的争论和调解过程之类的谈话。对此种法律话语的分析，涉及对诸如侦讯、庭审、辩论过程中的语言使用方式的分析。社会意义上的话语则表现为政治科学家芝拉·埃森斯坦对法律的描述，即法律是“一种经授权的国家语言”，一种洋溢着国家权力的“话语”。对强奸法的“话语—权力”分析应当包括这两种意义上的话语，如历史上存在过的强奸法、强奸罪的侦讯、庭审语言等。通过分析可以发现，强奸法更多的是男性经验的反映，女性在这些话语中，或者被视为不具有人之自由意志的“物”，或者被视为与男性一样的，可以同等表达自由意志之人，这或将导致处遇上的不公和对女性的不利。强奸法征示了法律的父权制特征。这与芝拉的认识一致——从法律承载着男性的价值、推进着男性的利益这一点看，法律是一种权威的、父权制的话语。因此，法律的父权制话语是一种在法律与政治的语境下谈论和思考女性的方式，也是对她们采取行动的方式。只要主流的法律话语是父权制的，女性就会被当作男性利益的附庸而被谈及、思考和行事。①

（二）批判的内容

1. 历史上的强奸法：强奸因侵犯了男性利益而为罪

一个男性强行与女性发生性行为为什么会被认为是罪？这个

---

① ［美］约翰·M. 康利、威廉·M. 欧巴尔：《法律、语言与权力》，程朝阳译，法律出版社2007年版，第81页。

行为侵害了谁的利益？一个已经得到广泛认同的观点是，在古代大多数社会中，一个男性强行与女性性交的行为之所以被普遍认为是“罪”，并非是因为考虑到了这一行为对女性的伤害，而是基于对男性的财产和血统的保护。因为强奸破坏了女性的贞洁，从而使得作为她们的拥有者的父亲或丈夫的财产受损。有研究者指出，女性的性是男性占有的性资源，这才是男权社会里强奸之所以为罪的根据。[①] 美国法经济学家波斯纳也曾指出，“在传统上，强奸这种违法行为是剥夺了丈夫或父亲有价值的资财——其妻子的贞洁或其女儿的贞操”。他也据此将强奸者称为“性窃贼”。[②] 将女性视为父亲或丈夫的财产，对于侵犯财产者以强奸定罪处罚的立法，是将女性视为可被占有之“物”而非与男性同样的可以占有物的“人”。虽然这样的立法也以保护财产的形式保护了女性，但这种保护是以否定女性的主体身份来实现的。

根据人类学的考察，在我国云南盛行母系走婚制的摩梭人和由美国人类学家摩尔根命名的“普那路亚婚制”中并没有强奸一说。强奸无非是对某一类行为的否定性标签。在母系社会里，没有这一标签，可能是因为确实不存在类似的、强迫的性行为，也可能是虽然存在同类行为，但在那样的社会里并不会遭到否定评价，比如当时没有男权社会构建出来的女性的贞操观念，女性也并非是归属于某一方的财产，因此不存在利益受损的一方。当然，这都是以男权社会的强奸之所以为罪的逻辑来作的推测，具体原因还有待进一步考察。

---

① 桑本谦：《强奸何以为罪》，《法律科学》2003 年第 3 期。

② ［美］理查德·A. 波斯纳：《性与理性》，苏力译，中国政法大学出版社 2002 年版，第 532、242 页。

2. 强奸罪的犯罪构成：男性经验和利益的表现

历史发展到今天，将女性的性视为男性的私有财产的观念即便在许多文化形态中依然存在，也无法在公开领域中获得言论上的正当性，更无法写入法律成为法律制定的依据。在大多数现代文明国家中，强奸之所以为罪，是因为它侵犯了女性的性自主权，体现在刑法条文中就是强奸罪犯罪构成中的“犯罪客体”。那么，这是否意味着强奸法就是围绕着如何保护女性的性自主权这个目的而制定的？其实不然，假如我们细究世界各国有关强奸罪的犯罪构成，不难发现，很多国家的强奸法仍然是以男性经验和利益为中心的立法。因为不少国家的法律中都强调构成强奸需具备如下几个因素：身体暴力或暴力威胁、生殖器性交、法律承认的性权利之不存在、欠缺同意、女性的正派等。这些因素看似与性别无关，甚至相当的中立，但是，逐一分析之后便能发现其中存在的问题。

比如身体暴力或暴力威胁。在美国法律中，强奸一度被定义为：以暴力或强迫为手段并未经同意的性交。[①]《日本刑法典》177 条规定，“以暴行或者胁迫手段奸淫 13 周岁以上的女子的，是强奸罪，处 3 年以上有期惩役。”根据日本最高裁判所判例，“作为强奸罪手段的暴力、胁迫，以达到使对方明显难以反抗的程度为必要”。[②] 为什么将以暴力或暴力威胁作为强奸构成的要素之一？常见的解释是，如果没有暴力或暴力威胁，无法知道性行为是违背妇女意愿的。只有有暴力或暴力威胁才能充分证明女

---

① ［美］凯瑟琳·A. 麦金农：《迈向女性主义的国家理论》，曲广娣译，中国政法大学出版社 2007 年版，第 248 页。

② 转引自丁延龄《本质上争议的概念——理解强奸的一种进路》，《北方法学》2014 年第 1 期。

性是不同意性行为的发生的，假如没有暴力或暴力威胁，则难以证明。暴力或暴力威胁的有无成为判断女性是否同意的标准。这样的犯罪构成除了如麦金农对美国法律的批判那样，“像是虐恋者的犯罪构成理论（暴力可能是被同意的）”，还存在如下问题：一，对于那些并无暴力或暴力威胁，但仍然可能是女性不愿意的强奸行为的遗漏。因为只要是违背妇女意愿的就是强奸，不应当有其他的外化标志，这也带来了第二个问题——以“暴力或其威胁”的有无来判断女性是否意愿，是将体察该性行为是否出自女性真正意愿的积极责任简化为了仅需要判断是否存在暴力或暴力威胁的消极责任，即将女性是否反抗而不是是否违背其意志作为判断标准，忽略了反抗行为与意志并不一定一致，一个无反抗的行为同样可能是违背意志的。第三，它更像是为了防止强奸者被诬告而非为了确保所有的强奸不被遗漏而制定的标准。但是一个可能发生的诬告和一个可能存在的强奸，哪一个的危害更大？这里存在一个利益权衡的问题。第四，一部分轻微暴力或无暴力的强奸行为获得了合法存在。而诸多问题的关键点又在于，如果没有暴力，又如何证明这个女性对性行为是不同意的？对此，下文还将继续深入分析。

生殖器性交在有些国家的强奸法中也被视为界定强奸的关键因素或被视为强奸的最坏后果。如《日本刑法典》中规定，强奸中的“奸淫”，应是“男性的生殖器至少一部分的插入女性生殖器”。[①] 尽管我国刑法通说认为，就普通强奸（受害者为已满十四周岁的女性）而言，插入（即两性性器官的结合）是强奸既

---

① ［日］山口厚：《刑法各论》（第四版），王昭武译，中国人民大学出版社2011年版，第124页。

遂的标准（而奸淫不满十四周岁的幼女的，以性器官的接触为强奸既遂的标准）。[1] 在麦金农看来，以生殖器性交界定强奸，名为保护女性免受性强制，实则是对男性生殖权利的保护，是“将强奸的确定条件集中在一个为男性定义的损失上，它也集中于男性定义的关于排他性占有的损失的方面。根据这一见解，法律定义的强奸似乎更像是一个对女性的一夫一妻制（即为一个男性排他性的占有）的犯罪，而不是对女性的性尊严和私密的完整性的犯罪”。[2] 这与前文所提到的“性资源论”异曲同工，即婚姻“是一种关于性资源的‘产权制度’，或者说性资源的‘私有制’”，而“强奸就是一种性盗窃，强奸的第一受害者是性资源被盗窃的那个男子”。[3] 这样看来，强奸首先是一种男性对男性的犯罪，而不是男性对女性的犯罪。女性在这样的强奸法中不是作为一个完整、自治的人被对待，而只是作为一个性的载体而存在。性以及她自身只是一件可被盗窃和交易的物品。事实上，只要是性器官有接触，就已经侵犯了女性的性自主权，并不需要到插入阴道的程度。而且，性器官并非一定是狭义的，仅限于阴茎与阴道，接触也并非一定是二者之间的接触，以性器官接触身体其他部位（比如嘴），或是用其他工具接触他人性器官，也都是对性自主权的侵犯。

法律承认的性权利之不存在，指的是强奸不可能发生在男性对女性享有性权利的场合之下。而男性对女性享有性权利的情形

---

① 高铭暄、马克昌主编：《刑法学》（第五版），北京大学出版社 2011 年版，第 471 页。

② ［美］凯瑟琳·A. 麦金农：《迈向女性主义的国家理论》，曲广娣译，中国政法大学出版社 2007 年版，第 248 页。

③ 桑本谦：《强奸何以为罪》，《法律科学》2003 年第 3 期。

主要是婚姻。也就是说，婚姻中不可能发生强奸，丈夫对妻子享有强奸豁免的权利。美国《模范刑法典》曾将强奸定义为侵害者与妻子之外女性的性交。[①] 这种规定与美国普通法上的传统界定相一致，即“在普通法里，丈夫强迫妻子和自己性交不构成强奸”。[②]《希腊刑法典》第336条亦以“婚外性交”为强奸罪成立之先决条件。[③] 在我国，婚内强奸虽然一度也是法学界争议的焦点，但婚内无奸的观点仍占主流。1999年最高法院编辑的《刑事审判参考》所作的评论正是这种观点的代表：“夫妻之间已结婚，即相互承诺共同生活，有同居的义务。这虽未见诸法律明确规定或者法律的强制性规定，但已深深根植于人们的伦理观念之中，不需要法律明文规定。只要夫妻正常婚姻关系存续，即足以阻却婚内强奸行为成立犯罪……在一般情况下，丈夫不能成为强奸罪的主体。”[④] 司法审判中曾经有过婚内强奸的判例，但是该强奸行为发生在离婚判决上诉期内，和真正意义上的婚内强奸并非同一个概念。[⑤] 同样，在麦金农看来，婚内强奸不可能被承认，是因为在这种情况下，不存在男性权利被侵犯的体验，即不存在某一个男人的财产被另一个男人侵犯的事实。但是实际上，对于女性而言，被侵犯的感觉不会因为侵害者是自己的丈夫而有所稍减，甚至可能因为对方是自己曾经信任和最亲密的人，被伤害的

---

① ［美］凯瑟琳·A. 麦金农：《迈向女性主义的国家理论》，曲广娣译，中国政法大学出版社2007年版，第248页。

② ［美］约书亚·德雷斯勒：《美国刑法精解》（第四版），王秀梅译，北京大学出版社2009年版，第531页。

③ 《希腊刑法典》，陈志军译，中国人民公安大学出版社2010年版，第125页。

④ 《刑事审判参考》2000年第2辑，法律出版社2000年版，第28页。

⑤ 1999年，上海青浦区法院作出了首例婚内强奸判决。该案情节为法院已作出离婚判决但还在上诉期内，丈夫对妻子实施了强奸。

感觉还会更深。

在司法实践中，女性的“正派”与否也会成为判断强奸是否发生及其恶性程度的关键因素，侵害者常常得到这样的辩护：她（受害者）衣着暴露、行为不检，或者是她从事性行业，她的引诱导致了强奸的发生，或者是她自己使那些男人获得了强奸的机会。而且，即使她们被强奸了，社会危害性也相对较小，另外，女性在受侵犯过程中的举止也会受到评估，比如是否反抗，反抗的强度之类。这与强奸法所宣称的对女性的性自主权的保护的目的似乎有些违背，判断强奸的重要因素，应该是看这个行为是否经过了女性的同意，同意的缺乏才是界定强奸最关键的形式条件。身体暴力或暴力威胁、合法性权利的存在与否、生殖器性交、女性的正派与否，都不应是界定强奸的关键因素，甚至根本就是不相关的因素。

3. 如何判断同意：自由主义与后现代主义的分歧

英美法系学者对于强奸罪中之同意的认定主要有三种模式，即否定模式（假定被害人同意性交，如果被害人没有说“不”，也没有其他证据表明被害人不同意，那么被害人同意性交）、肯定模式（假定被害人不同意性交，除非被害人说“同意”，或用身体语言表示同意，否则被害人不同意性交）、协商模式（要求在性交以前，行为人必须与他/她的伙伴进行商讨）。①

这三种模式也都没有超越传统自由主义法学的理论假设，即每个人都是自治与理性的道德行为者，能够自由且负责任的支配自己的权利（包括身体），这个“每个人”中的人，自然包括了

① 魏汉寿：《强奸罪的本质特征与立法模式之反思》，《环球法律评论》2012 年第 4 期。

女性。但是，正如福柯所说，任何主体形式都不是先验的理性存在，而是特定社会权力结构对人进行抽象、分类而建构起来的历史性存在。[①] 受此影响，后现代女性主义法学家指出，性别权力结构决定了女性的性别角色，以及与这一角色相关联的思维和行为方式，借助于这种权力策略，女性甚至会自动地服务于对自己的统治。同意作为一种通过语言或身体行为表现的客观表示，完全可能出现女性同意某些并不需要或希望的性行为。完全抛开社会权力结构（特别是性别权力结构），将女性视为与男性同等的自由表达的人，会对女性的情况视而不见。[②] 对于同意的认识，必须结合性别权力结构来进行。假如不考虑这层结构，将会导致大量的并非女性真正同意的强奸案得不到法律的惩罚。

尤其是涉及亲密关系中发生的强奸行为，也就是在强奸案中所占比例很高的熟人强奸或约会强奸时，性行为更容易被认定为是女性同意发生的。这样的行为往往很难得到追究，表面原因是强奸证据的难以获得，更深的原因则是对熟人关系中女性意志被压制的情况的无视——虽然它没有暴力或暴力威胁。在女性主义研究者看来，真正的同意和屈从是有区别的。社会背景中渗透着各种预设的力量迫使女性依附于男性，真正的同意和默许（即社

---

① 转引自丁延龄《本质上争议的概念——理解强奸的一种进路》，《北方法学》2014 年第 1 期。

② 在罗宾·维斯特看来，现代自由主义法学的基本假设是分离理论，即每个人在本质上都是分离于其他人的，每个人都有独立的生活，分离我们的因素要先在于团结我们的因素。这种分离的观点或许适用于男性，但并不必然适用于女性。女性会因为怀孕或与怀孕有关的经历而与其他人的生活必然联系在一起。see Robin West，"Jurisprudence and Gender"，*The University of Chicago Law Review*，Vol. 55，No. 1（Winter，1988）

会背景胜过女性意志的情况）实际上很难区分。[①] 现有的关于同意的理解——如果未有强烈的抵抗（这种抵抗必须强烈到侵害者需要使用物质暴力或暴力威胁方能克服，当然以药物等手段或特定情形下女性不能或不知抵抗的除外），则假定同意存在，或者充其量是一种半推半就，是把同意理解为平等条件下选择权的自由行使，但这与时刻存在着对女性意志具有影响的社会约束和不均等的性别权力结构的事实不符，因为“女性被枪支、被年龄、被白人霸权、被国家强奸——仅仅是间接的才被阴茎强奸”。[②] 不考虑各种或显性或隐性的制约性力量，简单地将屈从视为女性真正的同意，是对女性经验的无视和对性侵犯行为的纵容。

麦金农也曾将犀利的笔锋指向当时美国强奸法中对强奸的定义，因为它将强奸罪定义为“未经女性同意的……行为”，而“同意”一词，在麦金农看来，就像设置的一个陷阱，因为，“同意”似乎体现了权力平等条件下女性的性选择权的自由行使，但在事实上却掩盖了潜在的之于女性的约束和不均等的社会构造。“同意”本身就意味着男性的欲求被假定为一种女性的权力形式，仿佛女性既能唤起这种欲求，同时也能拒绝对它的满足。这样，男性主动的原因和对他的满足的拒绝，似乎都可以归因于女性，最终达到的效果是将男性的暴力合理化。在这种模式下的“同意”，与女性的选择和沟通相比，具有更多的女性存在的形而上学特征。麦金农嘲讽说，强奸法里女性所谓的权力行使（即她可以“同意”也可以“不同意”），其实预示了其更为基本的社

① Keith Burgess-Jackson, “Rape and Persuasive Definition”, *Canadian Journal of Philosophy*, Vol. 25, No. 3 (Sep, 1995).

② ［美］凯瑟琳·A. 麦金农：《迈向女性主义的国家理论》，曲广娣译，中国政法大学出版社 2007 年版，第 250 页。

会无权。① 甚至法院会因此而认为，如果性发生了，就是女性所希望的。从麦金农对强奸法的批判中我们可以看到，法律之所以会如此规定，是因为这完全是男性经验的立法，事实上，在强奸行为发生的特殊情境之下女性是完全不可能具有做出“同意”与否的能力的。但强奸法是父权式的，它是从男性的观点出发加以制定和实施的。正是由于这种父权式视角的法律的存在，一个没有做出积极的、真正激烈抵抗的女性会被认为是“已经同意进行性行为”。

4. 作为语言的“强奸”：确认了女性的可被强奸的属性

根据拉康的“三界说”，作为组成话语的语言属于象征界。区别于想象界和实在界的象征界是先于个人存在的语言共同体，而语言的行动力或表演性依赖于一定的社会规范和仪式，在语言组成的象征界里，我们引用规范、遵守法则，被语言言说，被社会所塑造。比如，强奸这一语言在象征界将女性置于客体化的、可被强奸的位置，导致女性在实在界成为被强奸者，获得了“被强奸者”的身份。在这个“语言塑造主体”的过程中，男性情况和女性恰好相反，男性借由强奸这一语言中被塑造为身体上的压倒性的体力占有者（因为强奸罪通常都被界定为男性以暴力、胁迫等手段迫使女性屈从的行为）。在这个“阴茎中心论”的强奸罪犯罪构成中，女性先是在语言上成为被强奸者，然后在现实中成为被强奸者，女性的“可被强奸”的属性就这样被建立起来。也就是说，由于语言的运作是超越女性的个人意志的，女性并非一定是通过被男性强奸的实际行为而被塑造为被强奸者，而

① ［美］凯瑟琳·A. 麦金农：《迈向女性主义的国家理论》，曲广娣译，中国政法大学出版社 2007 年版，第 253 页。

是强奸这一语言本身导致了女性在未遭遇强奸之前即成为了男性眼中具有可强奸性的对象。这让我们不由得联想起麦金农的一个看似惊世骇俗的说法，她说，“性的客体化是女性从属的首要方法。它把言词和行为相结合，把建构和表达相结合，感觉和强制相结合，虚幻和现实相结合。男人操女人，主语—动词—宾语”。[①] 虽然她说的是性机制如何将女性客体化的，但这句话放在强奸话语如何将女性客体化时也恰如其分。

将强奸作为一种语言，这是一种极有颠覆性也极具批判性的认识方式。关于这一语言学上的认识对于现实的指导意义，萨龙·马库斯曾指出，认识到强奸中的语言以及强奸作为一种语言，使我们得以转换强调的重点，不再把女性呈现为“始终是已经被强奸或者具有可被强奸的内在固有属性”，而是从强奸之后的分析转到对于强奸的预防上。她借鉴了福柯，提请我们注意，事实上，潜在可能的强奸者需要将自己潜在受害者定位在某种相配的身份认同中。强奸并不是对于一个不幸的女性受害者身体所实施的“独奏”，而是有赖于通过恐吓，使女性进入强奸者谱写的乐谱的“合奏”。也就是说，如若女性不是被强奸一词钉上可被强奸的标记，潜在的强奸者将会由于找不到相对应的配合者而失去强奸的动能。那种对于遭受强奸威胁的女性给予的“别打算反抗了，要不你会弄伤的”建议，实际上是将女性固定在受害者的位置上，这不但无助于惩治强奸，相反，更有助于强奸的得逞，因为那种不断强化强奸罪对女性的伤害的做法，事实上正是

① ［美］凯瑟琳·A. 麦金农：《迈向女性主义的国家理论》，曲广娣译，中国政法大学出版社2007年版，第171页。

在将强奸者建构成压倒性的体力的占有者。[①] 因此，告诉女性在面对强奸的时候消除恐惧，掌握反抗的技巧，也是这一派女性主义者为预防强奸所提出的建议。比如，“如果你还来不及踢他就被他抓住了，就用你的膝盖猛撞他的腹股沟……也有人还提议抓住他的睾丸，并猛力往下拽”。这些建议将告诉女性，男人并非始终具有压倒性体力，而女性也不应当被定位成始终是已经被强奸的和可以被强奸的。

5. 强奸审判话语：重申了男性对女性的权力

强奸罪的庭审方式也值得分析。尽管很多国家的有关强奸的法律条文与司法程序已有所改变，法律对性别关系表现出了一种与先前的父权式意识形态不同的意识形态，但是一些研究者发现，男性权力大于女性的现实似乎没有多大改变，这是为什么？

社会学家格雷戈里·马托辛在1993年的著作《重现强奸》中指出，强奸案改革者们一直是在错误的地方摸索以寻找答案。这些改革者已经假定在强奸案起诉中存在的权力不平衡源于该程序结构的缺陷——诸如规定何种信息可以用来攻击受害者的信誉的证据规则之类的事情。马托辛的观点是，权力的现实比假定中的还要复杂。权力不仅仅是一种借助简单规则的运作加以具体化的抽象。相反，权力和控制的概念及其在现实世界中的展现是同一硬币的两面。一方面，权力是一种潜在的现实，它帮助型塑适用于那些冲突并决定其最后结果的法律规定：男性能够在强奸案起诉中处于优势地位，因为他们拥有权力。另一方面，权力是我们对自己在无数日常社会冲突的最后结果中所观察到的模式所使

① ［英］布赖恩·S. 特纳编：《Blackwell社会理论指南》，李康译，上海人民出版社2003年版，第406页。

用的标签：男性似乎控制着对强奸案件的起诉，因此他们一定拥有权力。所以说，被我们称为权力的东西既是因，也是果。如果这是事实，那么试图通过胡乱地修补权力得以行使的结构而改变权力分配的努力注定要走向失败。解决权力这一难题的关键，是去理解权力行使的互动细节，特别是微观语言细节。马托辛指出，语言分析能够帮助我们去理解权力自身的性质。语言是我们借以在社会中实践权力关系的基本机制，也是我们借以重申那些权力关系的一个手段。我们对权力的共同理解赋予我们交谈的方式以意义，但同时，我们谈话的方式也帮助我们形成理解。

具体到强奸问题上，马托辛认为，对规范性法律规则的改革似乎对强奸受害者在刑事司法系统中的经历没有什么影响。答案应该到“日复一日在法庭中发生的日常谈话”中去找，去调查和理解强奸案审判的微观话语，即采用会话分析方法，分析强奸案审判中的微观话语。因为这是一个关于权力是如何通过语言实践得以实现的非常有说服力的例子。① 这一方法最早起源于社会学家欧文·戈夫曼的著作。在《日常生活中的自我呈现》中，戈夫曼指出，社会学应该更少去关注对那些控制社会行为的宏大“规则”的探寻，应该更多地去关注对世俗的社会互动逻辑的理解。他们的研究技巧，其实质在于对日常会话的纹理做出细密的定量分析。

例如，有研究表示，通过强奸案审判的微观话语的分析可以发现，在强奸案的法庭上，强奸受害者常常被迫重新复述强奸事实，但是这种对强奸行为的还原性重演，其结果常常是受害者自身被指责为应该对犯罪负责。另外，就受害者以前的性史对受害

① ［美］约翰·M. 康利、威廉·M. 欧巴尔：《法律、语言与权力》，程朝阳译，法律出版社 2007 年版，第 23—24 页。

者进行交叉询问，也是常用的为强奸犯辩护的策略。这种交叉询问的基本语言策略是支配与控制的方法，反映和重申了男人对女人的权力。当这些方法在针对强奸受害者的经历这一背景下使用的时候，它其实是十分微妙而有力地让那种支配、控制、权力得以重演。①

通过对强奸法的历史、强奸罪犯罪构成、作为语言的强奸以及强奸案法庭谈话等进行话语分析，可以看到，这些认识或者经验已构成一个社会中关于强奸的主流话语，即对强奸所暗含的行为与性别关系进行谈论、思考和采取行动的主流方式。这一有关强奸的主流话语仍然是一种关于妇女的从属地位的话语，强奸法则是对妇女从属地位不断加以认可的语言实践，无法真正地使女性免于强奸恐惧。麦金农在控诉国家法在惩处强奸罪时的无能与失策时说，"多数女性认为，反对强奸的法律在运用时实际上是无法操作的。女性的经验比法律更经常地被因此而去合法化……从女性的观点来看，强奸不被禁止，而是被规范。即使是知道自己已被强奸的女性，也不相信法律系统会用她们看待强奸的方式来看强奸。通常她们没有错。在许多受害者的经验里，国家非但不曾阻止或报复强奸，反而使强奸永存于世。指控强奸的女性说她们被强奸了两次，第二次是在法庭。在男性国家之下，侵犯的边界、羞辱和作为公共的性展示的侮辱，都使法庭陈词更像是一场形象的演说。② 因此，需要另辟蹊径对强奸法进行改造才有可能改变这一糟糕的现实。

---

① ［美］约翰·M. 康利、威廉·M. 欧巴尔：《法律、语言与权力》，程朝阳译，法律出版社 2007 年版，第 49 页。

② ［美］凯瑟琳·A. 麦金农：《迈向女性主义的国家理论》，曲广娣译，中国政法大学出版社 2007 年版，第 260 页。

四 后现代女性主义法学对强奸法的重构

只要存在着权力关系，就会存在反抗的可能性。[①] 权力都制造反抗，以反面话语的形式产生出的新知识，将会制造出新的真理，并组成新的权力。因此，后现代女性主义的抱负之一就是要发明女性的话语。她们提出，这个世界用的是男人的话语，男人就是这个世界的话语。所以，女人要在一切领域发出属于女性自己的声音。法国作家、后现代女性主义代表威蒂格指出，与性别的多元化不同，在与性别有关的语言中，男性的角度总是被当作一般的角度，如用男性人类（mankind）指称人类，用男性的他（he）指称男女两性都在内的他。[②] 她将语言革命视为社会变迁的先导，认为要实现两性平等，仅有经济变迁是不够的，还应当制造关键概念的政治变迁。因为语言会极大地影响到“社会机体”，为它打上烙印，强烈地塑造它。她认为，维护男女不平等，语言起到重要作用，因为它将在无形之中否定女性作为主体行动的能力。女性只能在与男性的关系中被定义，不能独立地被定义，不能因为其自身的存在被定义。[③] 因此在强奸法问题上，应当用女性特殊的体验重新审视法律，建立一种属于女性自己的话语。后现代的强奸法研究从话语分析开始，最终策略也回到话语

① ［法］福柯：《权力的眼睛——福柯访谈录》，严锋译，上海人民出版社 1997 年版，第 46 页。

② 类似的英文单词还有用“男人”的“历史”来指代人类历史的“history”、将女性视为可驾驭的“sheep”，等等。中文也有类似的“他”“她”之分，通常以男性的“他”作为一般人称，而在特指伟大且具有可牺牲性的人或物时则常用女性的“她”。

③ 李银河：《女性主义》，山东人民出版社 2005 年版，第 113 页。

改造上，即针对上述的研究中呈现的问题，比如缺乏对不平等的性别权力结构下的女性经验的考虑、强奸作为语言对于受害者的负面影响，等等，提供一些改革方案。

（一）纳入女性经验，重构强奸罪

在女性主义的影响下，不平等性别权力结构之下的女性经验在一些国家的强奸立法中开始受到重视。缺乏同意被视为强奸罪成立的核心要件，而传统强奸立法模式中要求的其他条件则相应地作了修正。以1995年《澳大利亚联邦刑法典》268节第14条规定为例，如果符合下列情形，则行为人实施了（强奸）犯罪：(a）犯罪人在未经他人同意的情况下对他人实施了性插入的行为，而且（b）犯罪人对未经他人同意的情况持明知或轻率的心态。在这部法典里，对何谓“同意”作了细致的规定，即，同意是指自由且自愿的允许，不同意的示例除了暴力或暴力威胁（针对受害者或受害者关心的第三人）之外，利用非法拘禁，或利用被害人处于睡眠、无意识或受酒精或其他药物影响而无同意能力的情况，或利用被害人不了解或误解了该行为的内在本质的情况，实施了性插入行为，皆构成强奸罪。对“同意”作如此规定，尤其是“利用被害人不了解或误解了该行为的内在本质”一条，表面上看，似乎让强奸者对被害人在性行为的认知上的不足来负责，有些不公，但是正是这一条能够督促意图发生性行为者在行为发生前负起更多的沟通和了解的责任，承担更多的义务。

上文中已提到，从保护受害人的性自主权的角度而言，只要身体某些部位受到具有性意味的强行侵犯，就已构成对性自主权的侵犯。澳大利亚这部刑法典中，性插入也不再限于生殖器的结合，而是指犯罪人将自己身体的任何部分或将自己操纵的任何物体插入（任何程度的）受害者的肛门或生殖器，或者犯罪人将自己的生殖器插入（任何程度的）受害者的口中（这里所谓的生殖器或身体的其他部分，包括通过外科手术建造的生殖器或身体部分）。[①]《挪威一般公民刑法典》第213条也规定："性交一词在本章中包括阴道性交和肛门性交。阴茎插入口部以及物品插入阴道或者直肠的，等同于性交。"[②]

另外，目前仍有许多国家都是将强奸罪界定为男性针对女性的性暴力，也就是说，该罪的犯罪主体仅限男性，犯罪对象也仅限女性（我国目前刑法条文也是如此规定）。但是男性同样可能面临来自同性和异性的性侵犯，他的性自主和女性的一样重要。而且有研究显示，女性的身体正在变得越来越强壮，在女性体力强壮成为社会可接受的事实之后，女性的基因和内在生理也会随之发生改变。事实上，女性犯罪率在世界各地都有所升高，表面攻击性（常被当作由男性生理决定的）与社会因素而非生理因素有关。当社会条件允许时，女性可以变得同男性一样好或一样坏。[③] 某些国家的法律中也已经不再将强奸罪的受害人限定为女性，如1983年加拿大在性犯罪法律改革中开始用性侵犯罪取代强奸罪，没有规定受害人和被告人的性别。

（二）去性化处理，改强奸罪为伤害罪

如果说前面一种改革方案是通过语言形式上的修改来加大对

① 《澳大利亚联邦刑法典》，张旭、李海滢、李虆道、蔡一军译，北京大学出版社2006年版，第134、135页。

② 《挪威一般公民刑法典》，马松建译，北京大学出版社2005年版。

③ 转引自李银河《女性主义》，山东人民出版社2005年版，第108页。

女性权益的保护，那么第二种方式则是通过改换语言来规避强奸罪罪名可能带来的负面影响。因为强奸罪这一名称本身在强化男女不平等的性与性别角色，赋予了女性可被强奸的属性，并在那些特别关注女性贞洁的社会中让受害女性背负额外压力。那么，可以考虑废除强奸罪，将其改为并不具有明显性与性别特征的伤害罪。

以我国刑法为例。根据《刑法》第236条的规定，以暴力、胁迫或者其他手段强奸妇女的，构成强奸罪。据此，学理上也普遍认为，强奸罪的定义是，“违背妇女意志，使用暴力、胁迫或者其他手段，强行奸淫妇女的行为”。“以暴力、胁迫……”等字眼，在语言上赋予了男性以用“暴力”来“胁迫”女性的权力，是在将男性构建为体力上更为强势的人，而女性只有作为暴力的承受者的“权利”。与此种单一的形态相一致，在强奸罪的客观行为上，学界主流观点仍是只认可生殖器的插入或接触，而无论是“插入说”还是“接触说”，都是阴茎中心主义的性行为模式的反映。借由关于这一模式的法律语言的表述，男性的性主体地位再次得到呈现，女性的可被强奸的属性被再次呈现。这一属性不仅是女性在男权社会中被全面客体化的事实在刑法条文里的再一次呈现，而且还将在与性规范配套的司法仪式的社会建构作用之下再次得到强化。更关键的是，在我国，性之于女性的影响远甚于男性，“饿死事小，失节事大”的说法仍然具有社会土壤，强奸罪的犯罪构成中突出性器官的重要性，使得这个罪名带有极强的性意味，那么，以强奸这一罪名认定，会使得女性在强奸发生之后背负沉重的社会压力，而询问与审理过程中所使用的话语，还可能对其造成二次伤害。在福柯看来，没有任何理由可以证明性器官比其他器官更为重要或更不重要。他甚至认为要取消一切与性有关的罪名。[①] 尽管他本意是指国家无权干预属于私权范畴的个人性行为，但他的这一观点也确实提醒我们必须注意强奸罪的表述中对性器官过于强调所可能带来的对受害女性的双重伤害。将强奸罪改伤害罪，在罪名上去性化和去性别化，至少可以通过语言上取消“强奸”来改变女性的“可被强奸”的属性，减少受害者所遭受的污名。

修改强奸罪的犯罪构成，将同意作为认定强奸构成的关键要素，并且，将不平等的性别权力结构之下的女性经验纳入对同意与否的认定上，是对权力弱势一方处境的充分考虑，也是对强者一方提出了更多责任。这有助于让在现有法律体系下不被认定为犯罪的强奸行为得到应有的追究，让受害者的权利得到充分的保护。将强奸罪改为伤害罪，这种将罪名去性化的处理策略，同样是考虑到了在一个女性更易受到性污名的社会环境下语言所具有的强化的作用，去性化的罪名变更或许能带来减缓受害女性所承受的舆论压力的效果。这两种方案都是遵照之前的话语分析的逻辑而延伸出来的。在现实生活中，经过女性主义的努力，不少国家的强奸法已开始改变。当然，这些观点也可能遭遇诸如此类的诘难，比如，扩大打击范围是否会带来针对男性的不公。这无疑仍是一种维护既有权力结构的，试图“规范”强奸，而非真正“惩处”强奸的思维。女性主义的努力，就是要改变这种思维，要对法律所维护的婚姻秩序和男性对女性的特权进行不遗余力的批判，从而不断推进法律和道德的进步。

---

① ［法］福柯：《权力的眼睛——福柯访谈录》，严锋译，上海人民出版社 1997 年版，第 75—77 页。

第五章

离婚条款的变迁与妇女解放

2011年，我国出台了《婚姻法》司法解释（三）。司法解释中有关离婚时财产分割的条款引发了诸多争议。一部分观点认为，以分别财产制为基础、遵照市场逻辑进行家庭财产分配的司法解释，对在经济上更容易处于弱势地位的女性非常不公平。假若女性在法律上既已受到不公平对待，那又何来妇女解放事业的推进？然而，回首1950年《婚姻法》，我们会发现，这一新中国成立后制定的首部法律中确立了激进婚姻自由原则，原则的确立在当时被视为妇女解放的象征。那么，在之后半个多世纪里，婚姻法经历了怎样的变迁，妇女解放的议题在其变迁中得到了怎样的呈现则成为本章关心的问题。但这个问题显然过于宏大，笔者选择了一个与婚姻中的两性利益攸关、同时也是1950年以来每部婚姻法修订中争议最多的条款作为切入点，这就是婚姻法中的离婚条款。

一　1950年《婚姻法》中的激进离婚自由原则与妇女解放

在中国妇女解放史上，1950年《婚姻法》扮演着举足轻重的角色。这部法律以打破封建婚姻家庭制度，建立新型婚姻关系为目标，作出了一系列体现男女平等和妇女解放精神的规定。尤其是其中有关离婚自由的条款，即不附加条件，单方提出离婚即可离婚的规定，以其彻底而近乎激进的方式，赋予了婚姻中的人以绝对的离婚权。[①] 这一权利使不具备与男性相同的婚姻自由的女性在家庭内部纵向权力关系上可对抗父权的控制，在横向关系上则可与男性的离婚自由抗衡，有利于女性从父权和夫权的束缚中挣脱出来。如果"解放"意味着从束缚走向自由的过程，那么，无条件的离婚自由既是促进妇女解放的手段，又与妇女解放具有同义性。

然而，如我们所知，将不附条件的激进离婚自由原则写入法律，在西方也是20世纪60年代之后的事。为什么我国会在1950年就将其写入了新中国成立后制定的第一部法律——《婚姻法》当中？在婚姻自由从一种革命理念发展为法律原则的历史过程中，拥有离婚自由的中国妇女究竟在何种意义、何种程度上得到了解放？更进一步，我们是否可以从激进离婚自由原则的法律实践这一角度切入我国妇女解放的历史经验，形成有关妇女解放进

① 1950年《婚姻法》第5章第17条规定："男女双方自愿离婚的，准予离婚。男女一方坚决要求离婚的，经区人民政府和司法机关调解无效时，亦准予离婚。"

程的法律角度的认识框架？

（一）相关研究综述

一部分海外学者以婚姻法中确立了离婚自由的同时也保留了军婚（作为离婚自由的例外）为例，[①] 认为离婚条款上对军人婚姻的保护，是因为中国共产党为了赢得抗日和反对国民党的战争胜利，不得不对男性农民所代表的父权制保守势力作出让步以换取支持，这种让步又是建立在牺牲女性婚姻自由和个人权利的基础之上的。[②] 保护军婚，实则是保全军队稳定也即确保政权的统治基础，因此中国共产党在妇女解放问题上基于自身的需要而有所保留。国内学者中有更为激烈的观点认为法律在革命过程中只是道具化的存在，被解放的妇女在婚姻改造过程中只是被分配的对象。[③] 阎云翔的北方村落田野调查显示，激进的离婚自由原则虽然对传统父权和男性地位构成威胁，但这一威胁并不意味着婚姻内性别关系也相应发生了改变。[④] 社会性别体制的复杂性在家庭内部反映为纵向的父权与横向的夫权，父权控制的切断并不意味着男性在两性关系中的地位被动摇。

黄宗智持中立立场，以“道德实用主义”概括革命政权的离

---

① 1950 年《婚姻法》第 5 章第 19 条第 1 款规定：“现役革命军人与家庭有通讯关系的，其配偶提出离婚，须得革命军人的同意。”

② Kay Ann Johnson, Women, *the Family and Peasant Revolution in China*, Chicago: university of Chicago press, 1983; Phyllis Andors, *The unfinished liberation of Chinese women* 1949 - 1980, Bloomington: Indiana University Press, 1983; Judith Stacey, *Patriarchy and Socialist Revolution in China*, University of California Press, 1983; Patricia Stranahan, *Yan'an Women and the Communist Party*, Berkeley: University of California, Institute of East Asian Studies, 1984.

③ 朱晓东：《通过婚姻的治理》，载《北大法律评论》第四卷（二），法律出版社 2002 年版。

④ 阎云翔：《私人生活的变革：一个中国村庄里的爱情、家庭与亲密关系（1949—1999）》，上海书店出版社 2006 年版，第 255 页。

婚纠纷解决策略。他并不认为1950年《婚姻法》对军婚的保护是从激进允诺（一经请求就准予离婚）的倒退。离婚法在打击旧式婚姻方面所起的作用和保护军人和农民利益是同时存在的，“党既可以维持自己终结封建婚姻的目标，同时也将农民的反对降至最低”。[①] 对于这个目标，共产党是通过调解制度来实现的。以调解作为特色之一的革命时期的离婚法实践是中国共产党在早期激进允诺和农民反对的现实之间寻找一条中间道路的必要。这种认为共产党创造性地实现了目标与现实之间的平衡的观点在一定程度上削减了其在妇女解放问题上承担的历史职责，也回避了一种认为共产党在革命任何阶段都可自由贯彻其意志的主观预设。

上述研究在不同层面强调了共产党在妇女解放事业中的作用，同时也屏蔽了女性作为利益攸关者在历史上占据的角色。妇女史研究所关注的，正是不同的女性群体在革命时期离婚自由原则的法律实践中所起的作用，其试图对话的，是遮蔽了女性主体性的“共产党解放妇女”的笼统历史叙事。丛小平认为，那种认为革命与男性农民相妥协的论断抹杀了女性对社会变革的贡献。她以大量边区婚姻审判案例证明，女性是积极参与了法律活动并对法律的修订产生了实际影响的[②]——尽管其中不乏女性利用离婚自由原则为自身谋取利益的案例。与丛小平关注边区普通妇女对法律的影响不同，王政的关切点在于，像离婚自由这样有利于女性的法律条款是如何制定出来并被通过的？这就引出了革命内

① 黄宗智：《离婚法实践：当代中国法庭调解制度的起源、虚构和现实》，载黄宗智主编：《中国乡村研究》，社会科学文献出版社2006年版。

② 丛小平：《左润诉王银锁：20世纪40年代陕甘宁边区的妇女、婚姻与国家建构》，《开放时代》2009年第10期。

部的“国家女权主义者”群体。王政认为，这些女权主义者在实现妇女解放目标时遭遇了两难处境：一方面要保护妇女解放的胜利果实，另一方面又必须满足革命/国家的要求。她认为，如果没有革命/国家的支持，单一的妇女解放的目标或许难以实现。于是，在这个过程中就产生了女权主义者为实现妇女解放的目标而与革命/国家周旋并向其借力的策略。例如，她们利用革命力量/国家权力废除了父母安排子女的婚姻设置以及那些有违妇女意志的、将妇女视为男子财产的婚姻实践。之后，她们又将婚姻法的宣传变成了一个推动女性平权和个人自由的群众运动。①

已有研究对“激进离婚自由与妇女解放之关系”这一问题的启示在于：一，共产党领导的中国革命是讨论这一问题的重要历史场景。妇女解放内含于革命任务之中得到开启，彻底的离婚自由既是革命领导者所认可的法律必备条款，也是经过证明的、行之有效的妇女动员方式；二，离婚自由一经实践，引发的必定是传统乡村社会前所未有的家庭震荡。既有伦理秩序被打破的同时，婚姻利益也面临着重新分配的格局，不同阶层的男女两性因此而怀有对革命的不同态度与情感，决策者们必须考虑这些因素对革命的影响并适机做出法律条款上的调整；三，由于中国妇女解放运动是附随于救亡图存民族解放等时代任务发生的，作为群体的妇女成为“被”解放的对象卷入了革命洪流之中，但是身为革命的利益攸关者，妇女必定以不同形式深入参与到革命任务的具体环节之中。探讨离婚自由与妇女解放的关系，无法绕过妇女

---

① Wang Zheng, State Feminism: Gender and Socialist state formation in Maoist China, *Feminist Studies*, Vol. 31, No. 3 (Fall 2005) pp. 519 - 551.

这一重要的历史角色。

因此，本章将从如下几个方面展开对问题的讨论：第一部分，对革命时期婚姻法中激进离婚自由原则的由来进行梳理，在追溯理念与法律源头的同时，离婚自由与妇女解放的关系也随之得到部分呈现；第二部分，对革命时期激进离婚自由原则的实践及其与妇女解放的关系，按照革命的不同阶段分别进行论述，因为革命时期的法律实践直接关系到1950年《婚姻法》中离婚自由原则的确立；第三部分则是通过展现1950年《婚姻法》制定过程中参与立法者在离婚自由一项上的争议，认识与革命相伴生的妇女解放事业的成就与局限。

（二）激进离婚自由原则的由来

1950年《婚姻法》中确立的激进离婚自由原则，在理念上源自五四时期为知识和政治精英们认同并推崇的婚姻观。欧洲与日本的现代婚姻家庭妇女观，尤其是苏俄与马克思主义的婚姻观对婚姻自由理念的形成影响巨大。在法律上，俄国婚姻法中确立的离婚自由原则以及照此精神制定的革命时期婚姻法，则是1950年《婚姻法》制定过程中重要的参照文本。

1. 理念的来源

婚姻自由的理念滥觞于五四时期。国家的贫弱挨打促使各界精英奋起寻求救国图存改造社会的道路。婚姻家庭作为社会构成的基本单位，沉积和展演着父家长制对个体的专制与压迫。当时几乎所有关注国家命运的人都将目光聚集在了对旧式婚姻家庭的批判和改造工作上。敲响“女界钟”的金天翮有言：“夫二十世纪专制国之民，无日不以夺自由为目的。曾是区区婚姻之自由而不能夺，而乃对万众以言革命，吾知其必无成。大抵婚姻之不自由，源于束缚压制。”[①] 他直接将专制压迫归结为婚姻的不自由。蔡元培在1900年提出的择偶条件和改革原则中，第五项即“夫妇如不相合，可离婚”。其他四项中有两项直接与妇女解放有关，如第一项为“女子不须缠足”，第四项为“男死后，女可再嫁”。[②] 当时已积极投身革命，后来成为党内重要领导人的邓颖超也持有相似的婚姻观，即婚姻应是爱情的产物，没有爱情的婚姻应当解除。[③] 在社会精英们对新式婚姻的想象中，自由选择、以爱情为纽带、夫妻地位平等，等等，是其中应有之意。

婚姻自由包括结婚自由和离婚自由，离婚自由尤其关系到妇女解放。历朝历代，离婚并不少见，但“古之婚姻，以男为主，故离婚之主权亦属于夫，夫可去妻，妻不许自绝于夫。此说始于汉儒，后世律文亦颇袭其意”。[④] 尽管妻子也不是绝对不能与丈夫离婚，但在离婚一项上，丈夫确实比妻子有更多自由。在五四时期诸多关于妇女解放的文献中，缺少离婚自由被认为是妇女身陷疾苦的原因之一。封建婚姻家庭制度如包办、强迫、买卖婚姻、童养媳等，使妇女遭受重重压迫，离婚自由意味着妇女能从非自主选择的婚姻中解放出来。

共产党早期领导人如陈独秀、李大钊等人也深受这种观念的影响，认为旧的婚姻家庭制度构成对女性的深重迫害。如陈独秀曾从社会心理的角度探讨婚姻等社会制度和私有制的来源，并且

① 金天翮：《女界钟》，陈雁编校，上海古籍出版社2003年版，第77页。

② 第二项为“须识字者”，第三项为“男子不娶妾”。见唐振常《蔡元培传》，上海人民出版社1985年版，第23页。

③ “邓颖超一贯认为，男女婚姻的基础是爱情，如果爱情熄灭，那种婚姻保持了也没有意义。”见金凤《邓颖超传》，人民出版社1993年版，第459页。

④ 陈鹏：《中国婚姻史稿》，中华书局2005年版，第599页。

认为非用阶级斗争来改造社会制度不可。毛泽东也曾在《湘江评论》《大公报》上发表9篇有关妇女问题的文章，揭露旧社会的黑暗和封建婚姻制度的惨无人道，明确提出旧中国婚姻家庭和妇女问题的社会根源，指出妇女需要离婚自由来保障她们的人身自由。但是早期共产党人的这些理念和改革婚姻家庭的主张并未被不同时期的国民党或军阀所采纳。只有在后来的革命根据地婚姻条例中，这些观念才真正地得到体现。[①] 确立了离婚自由原则的婚姻法也在革命过程中成为共产党进行社会改造和解放妇女的重要工具。

2. 法律的参照

具体到法律中，在确立离婚自由的同时还需明确在何种条件可以提出离婚？需要附带条件还是可以无条件离婚？1950年《婚姻法》中确定的激进离婚自由，即不附加条件，一经提出即准予离婚的法律渊源又来自何处？

俄国的法律体例是婚姻法的重要参照。妇女解放运动先驱陈望道先生曾将俄国婚姻律与中国民律草案进行比较，在“离婚”一项上，俄国是“一方的希望与双方的允诺，本律看作离婚的理由”，就是除了要离婚的意思并不须更有别的理由。这已是激进的离婚自由原则了。在中国，人们不能自由离婚，而且中间还埋藏着男女极不平等的事。[②] 对于单愿离婚即有结婚者一造愿意即可自由离婚，他认为中国可以采纳，但要考虑自由离婚与社会情状的关系。[③] 而且，关于1931年的《中华苏维埃共和国婚姻条

① 张希坡：《中国婚姻立法史》，人民出版社2004年版，第75页。

② 陈望道：《恋爱、婚姻、女权：陈望道妇女问题论集》，复旦大学出版社2010年版，第38—39页。

③ 同上书，第44页。

例》中有关离婚自由的法律渊源，有研究也指出，1926年苏联《婚姻、家庭与监护法》与革命时期婚姻法有更直接、密切的关系，该法第18条规定："婚姻的解除基于婚姻中双方当事人的同意，也可由其中一方单方面提出。"①《婚姻条例》在离婚问题上的精神与此完全一致。

尽管法律不分性别适用所有人，女性有离婚自由的同时男性也一样拥有，但在当时中国的情境下，不问理由的离婚自由原则的确具有矫正长期以来男女在婚姻自由上的不平等的作用和意义。为了保障法律的实施，革命政权还制定了明显向女性倾斜的保护性措施。对此下文还有详述。

（三）革命时期激进离婚自由的法律实践与妇女解放

1. 苏维埃共和国时期

1931年12月1日，中华苏维埃共和国临时中央政府刚刚成立不到一个月，就迅速颁布实施了《中华苏维埃共和国婚姻条例》。条例第9条规定：确定离婚自由，凡男女双方同意离婚的，即行离婚。这一几乎不附带任何限制性条件的离婚许诺，体现的便是绝对的离婚自由权。同年颁布的《中华苏维埃共和国宪法大纲》同样明确肯定了妇女的平等权利，"中国苏维埃政权以保证彻底地实行妇女解放为目的，承认婚姻自由，实行各种保护女性的办法，使妇女能够从事实上逐渐得到脱离家务束缚的物质基础，而参加全社会经济的政治的文化的生活"。

至于为何在1931年婚姻条例中确认离婚自由的原则，根据

---

① 黄宗智：《离婚法实践：当代中国法庭调解制度的起源、虚构和现实》，载黄宗智主编《中国乡村研究》，社会科学文献出版社2006年版。

时任中华苏维埃共和国中央执行委员会主席的毛泽东在颁布令中所说的，是因为“……目前在苏区男女婚姻，已取得自由的基础，应确定婚姻以自由为原则，而废除一切封建的包办、强迫与买卖的婚姻制度”，也就是说当时的苏区被认为已具备了实施婚姻自由的社会基础。毛泽东接着在颁布令中说，“但是女子刚从封建压迫下解放出来，她们的身体许多受了很大的损害（如缠足）尚未恢复，她们的经济尚未能完全独立，所以关于离婚问题，应偏于保护女子，而把因离婚而起的义务和责任，多交给男子负担”。[①] 这一看法充分考虑到了当时女性在生理与经济上的弱势地位，为了保障女性的离婚自由的真正实现，将义务与责任交给了居于强势地位的男性一方。

《婚姻条例》和《宪法大纲》中的规定堪称激进，有不惜一切代价维护妇女离婚自由之势。如此规定，一方面体现了党在革命过程中始终坚持妇女解放的理念，另一方面，也有动员女性参与革命的需要。因为在这一规定的背后，是1930年11月到1934年8月持久而残酷的反围剿军事斗争。在国民党占据绝对军事优势的情况下，共产党需要最大限度地动员苏区的人力物力，实行全民战争的总动员。正是在这种严峻的形势面前，占苏区人口半数的妇女力量受到了高度重视，苏区妇女问题被正式提上议事日程。

1932年6月，临时中央政府发出训令，提出“妇女占劳动群众的半数，劳动妇女积极起来参加革命工作，对于革命有很大的作用，尤其是在日益扩大向外发展的革命战争中，多数男子均

---

① 中华全国妇女联合会：《中国妇女运动史》，春秋出版社1989年版，第300—301页。

要到红军里去并参加前线工作，则后方的工作与巩固保卫的责任，更要有妇女来担当，坚决实现保护与解放妇女的法令，领导与兴奋劳动妇女群众来积极参加革命，使之与妇女运动密切地联系起来，以增加革命胜利的建设”。[①] 彻底的离婚自由以决绝方式切断“封建家庭关系”对妇女的束缚，让妇女有热情、有条件走出家门参与到革命中来。妇女走出家庭，积极参与经济和政治生活，也无疑是有助于提高妇女地位的。

但在同时，激进的离婚对当地家庭秩序构成了强烈冲击，让男性农民感觉到不公与不安。湘鄂西“到乡政府离婚的天天都如潮涌般的多”，[②] 以至于有的“地方政权机构一度穷于应付婚姻问题，整天忙于处理离婚和登记结婚，有碍其他工作”。[③] 妇女要求离婚和再结婚的数量快速上升，让一般农民大生恐惧，对失去老婆和财产的担心更是迫切。1932 年，福建永定县委书记萧向荣在《红色中华》上发表公开信，就苏区《婚姻条例》中关于离婚的规定提出几点质疑：一是“离婚绝对自由”引发的朝秦暮楚现象如何解决；二是《条例》中规定“男女同居所负的公共债务，归男子负责清偿”，假使女子因负债太多要求离婚，男子负担是否过重；三是“离婚后，女子如未再行结婚，男子须继续其生活，或代耕田地，直至再行结婚为止”，如果女子无理由要求离婚，而离婚后男子还要负担女子的生活费，岂非雪上加霜。[④]

---

① 江西省妇联、江西省档案馆：《江西苏区妇女运动史料选编》，江西人民出版社 1982 年版，第 60 页。

② 何友良：《中国苏维埃区域社会变动史》，当代中国出版社 1996 年版，第 197 页。

③ 同上书，第 25 页。

④ 张希坡：《中国婚姻立法史》，人民出版社 2004 年版，第 137 页。

公开信中所提问题确有合理之处。对于当时的农村男女来说，婚姻就是一种传统的生活安排方式，满足性与生育需求的同时，更有经济上的考量。普通农民对革命政权也会像对婚姻一样抱有实用主义态度，当男子发现这个革命政权并没有给自己带来好处，自然会动摇对其的支持。于是，有地方出现了成年男子奋起反抗的事件。同时，一些与红军士兵订婚的女子“现在多废了约”,[①] 引起了前线红军士兵的不满与怨恨，影响到了军心的稳定。种种问题让共产党迅速反思政策法规的尺度，自 1931 年起，各个省苏维埃政府相继制定了自己的婚姻条例，从政策上恢复到有条件下的离婚自由，而实践层面对妇女离婚权利的维护力度也大有下降。从苏维埃共和国时期的离婚自由原则的实施过程可以看到，在革命过程中，虽然需要坚持妇女解放的目标，但政权的稳固仍是第一位重要的。为了保证革命队伍的存续，妇女解放的内容和尺度都可以根据需求来进行调整。妇女是作为被调动的客体在场，在革命需要的时候，妇女是重要的笼络力量，而一旦出现影响革命发展的势头，法律又会相应作出修改，在妇女解放的道路上进行回撤。而且战争对男性士兵的需求以及传统的劳动分工模式（女性适合后方建设），也决定了在利益权衡的时候政党会向对革命影响更大的一方作出倾斜。

2. 抗日革命根据地时期

1939 年 4 月的陕甘宁边区公布的《边区婚姻条例》中，已对激进的离婚自由原则有所限制，离婚附带了一定条件，男方给予帮助也有年限。其中规定，婚姻照本人之自由意志为原则；实

---

① 何友良：《中国苏维埃区域社会变动史》，当代中国出版社 1996 年版，第 199 页。

行离婚自由，规定男女双方之一有“重婚行为者”“感情根本不和，无法继续同居者”“虐待他方者”，他方得向政府请求离婚。离婚后，女方未再结婚，因无职业财产或缺乏劳动力，不能维持生活者，男方须给与帮助，以至再婚时为止，但最多以三年为限。苏维埃时期基于任一方的请求即准予离婚的规定被完全废除。

即便如此，《边区婚姻条例》中有关离婚自由的规定仍然激发了当地妇女的革命热情，大量的离婚诉讼由妇女提出来。根据绥德分区统计资料，1944 年各县离婚案件有 65 件，其中妇女提出的 52 件。其中以“感情不和”为由的有 13 件，占 25%。妇女参加革命支持新政的热情显著提高，男性农民的不满和恐慌则开始升级。[①] 但是，与苏区不一样，陕甘宁更闭塞穷困，男子娶妻很艰难，离婚自由的实施会使他们失去好不容易得到的妻子。而且，当地人结婚男子都要给女方一笔数量不定的彩礼，有些彩礼对于男子一家是一笔很重的负担，而受经济利益诱惑的女性假若利用离婚自由的条款达到自己的目的，则会造成对男性一方的不公，不顾及这些现实因素的离婚判决必然遭到民众的强烈反对。1939 年《婚姻条例》颁布不久，陕北农村就产生了很大的修改婚姻条例的呼声。

1941 年到 1944 年，边区正处于国民党军队的经济封锁和军事进攻的严重困难时期，婚姻纠纷造成的不稳定因素非常不利于战争的形势，尤其是离婚高潮引起前线将士不安，如果任其发展下去，必然会影响到边区政权的稳定，进而影响到战争的局势。

① 陕西省妇联编：《陕甘宁边区妇女运动文献资料（续集）》，1985 年，第 376 页。

为了缓和矛盾，激进离婚的做法得到了抑制。1941 年起，边区党、政府和妇联组织在妇女运动的导向上开始提出反对“妇女主义”倾向，即反对“不从社会经济基础上去探究妇女被压迫的根源，而把妇女被压迫受痛苦归咎于男子，不从民族解放社会解放运动中争取妇女解放，而认为只要妇女觉悟起来了，向男子斗争就够了”。[①] 1943 年，中央北方局妇委站在阶级、民族的立场对婚姻法令进行了检讨，当时归结为“妇女孤立主义”，认为“将妇女从家庭中孤立起来看，强调了妇女与农民的矛盾，站在片面的狭隘的妇女利益上解决问题，使妇女运动脱离了农民运动而陷于孤立，如农民群众尚在开始发动时，过早强调婚姻自由；农民之经济状况未改善，政治地位未提高，妇女的婚姻观点是不会改变的，必然促使妇女与贫苦农民离婚，使贫苦劳动群众对婚姻法怀疑，畏惧妇女与其离婚”。[②]

1944 年，边区政府废除了 1939 年《婚姻条例》，颁布了《修正陕甘宁边区婚姻暂行条例》，将原来“禁止买卖婚姻、童养媳和童养婚”的文字去掉，只保留“以自愿为原则”；在离婚理由中将“感情不和”由第 2 条降至第 7 条；增加限制抗日军属离婚的条例，去掉对妇女的保护条款，如离婚后男女给予女方帮助的条款。1944 年对婚姻条例作出修订，既有对当地婚姻传统和地方风俗的顺应，更有对战争时期政权稳固的考虑在内，从修改后的法律内容来看，离婚自由受到了限制，妇女解放的步伐也有所退缩。

---

① 陕西省档案馆、陕西省社会科学院编：《陕甘宁边区妇女运动文献选编》第一辑，档案出版社 1986 年版，第 27 页。

② 张惠玲：《女性主义视角下的婚姻变革》，硕士学位论文，山西大学，2006 年。

（四）1950年《婚姻法》对激进离婚自由原则的确认

1950年出台的新中国第一部婚姻法中，确立的是激进离婚自由原则。这与1931年苏维埃婚姻条例的至深影响有关。曾经参与制定1950年《婚姻法》的罗琼同志的回忆可作为印证。据她回忆，当时是由刘少奇同志委托中央妇委制定婚姻法。起草小组根据中央的要求，在法律制定之前需要学习和参考有关资料，其中，一是马克思主义婚姻观，另一个就是1931年毛泽东同志签发的《中华苏维埃共和国婚姻条例》。①

与此同时，社会正处于政权更替百废待兴的状态，党需要一系列举措标识其不曾改变的革命性与进步性，而男女平等、婚姻自由、妇女解放……这些都是共产党始终坚持的理念。激进的离婚自由原则聚众多理念于一体，象征着革命政党与旧的封建婚姻家庭制度的决裂和对新型、进步、现代的婚姻家庭关系的积极追求。通过在根据地和解放区的离婚法实践，共产党也切实观察到离婚自由原则的实施使无数妇女得以从包办、强迫和买卖婚姻中解放出来，表现出了对革命政权的爱戴与忠诚。另外，当时形势与革命时期已大不相同，地位趋于稳固的革命政权对激进的离婚自由原则实施之后可能带来的社会后果也更有掌控的能力。

但激进离婚自由原则在1950年《婚姻法》中确立的过程并不顺利。在法律制定过程中，对于“一方坚持离婚可以离婚”这一条是否应写入婚姻法，立法者内部其实存在不同意见。据罗琼回忆，新婚姻法要不要写进去（无条件离婚自由），大家争论激

① 段永强：《罗琼访谈录》，中国妇女出版社2000年版，第102—103页。

烈。有的同志反对离婚自由，一种顾虑认为婚姻是人生大事，怕离婚太自由了不利于社会稳定。特别是在农村，离婚自由了，必定要触动一部分农民的切身利益，他们必然将成为反对派；另外一种顾虑是当时形势发展很快，马上就要进城了，怕进城以后，一些干部以“离婚自由”为借口，另有所爱，把农村的原配抛弃了。[①] 也就是说，立法者们对于离婚自由原则并无争论，但在是否应该附加条件的问题上，存在不同看法。这两种顾虑都有一定的事实依据，离婚自由带来的“不稳定”，不仅仅是指男性农民的反对，还包括当时大量发生的妇女被杀和自杀的事件。之所以有抛弃“农村原配”的顾虑，是因为男性干部弃妻另娶的事情确实并不少见。

邓颖超属于坚持彻底离婚的少数。她认为，第一，当时妇女在离婚方面所受的障碍比结婚要强大，很多农村妇女被杀和自杀的惨事的发生，不是因为离婚自由，而是有封建思想的干部控制和限制离婚造成的，有些解放区现行的婚姻条例没有规定一方坚持离婚者可以离婚这一条，已不能适应妇女群众的需要。第二，尽管出现了男干部抛弃妻子的现象，但从比例上看，干部队伍只几百万，在几亿人中只占很小的比例，几百万中有意抛弃妻子的男干部只占极少数，在几亿人口中所占比例就更小了，而几亿农村和城市妇女群众，她们大多数饱受封建婚姻的束缚，如果为了保护可能遭受丈夫离弃的极少数女干部，在婚姻条例中不写上一方坚持要离就可以离的条款，就堵塞了广大农村和城市的妇女群众真正实现婚姻自由的道路。正因为此，邓颖超认为，不附加条

① 黄传会：《天下婚姻：共和国三部婚姻法纪事》，文汇出版社 2004 年版，第 42 页。

件的，一方提出离婚就可离，是对大多数女性有利的。[①]

邓颖超的看法建立在对当时农村妇女基本需求的调查的基础之上。在山西、河北、察哈尔等省农村及北京、天津、上海等城市中，在民事案件中，婚姻案件所占的比例都很高，而婚姻案件中，离婚与解除婚约的又占到半数以上，而离婚原因主要是包办强迫、买卖婚姻、虐待妇女、早婚、重婚、通奸以及遗弃等，提出离婚的主要是女方。[②] 中国的传统观念非常浓厚，一旦在离婚自由问题上稍有削弱，一些在革命初期控制、纠正的现象比如打骂妇女、虐待童养媳的现象必然会有重起之势。法制委员会在最后呈报的意见中对邓颖超的看法表示了同意，其理由是，“因为离婚结婚自由，是反对封建的新民主主义革命对解放妇女的一个基本要求，我们人民民主政权的立法，应以进步的合乎新社会发展的原则为出发点，不应以过去的，需要改革掉的旧社会遗迹为根据。中国社会还有离婚结婚不自由的现象存在，这只能证明婚姻条例须有彻底解放的性质，才能冲破根深蒂固的旧社会枷锁，才能创造合于新的生产关系新的社会制度的家庭关系，而不是相反。以无产阶级为领导的工农联盟为主体的人民民主专政政权的法律，与这个政权本身是过渡到社会主义国家的过渡性政权一样，是一种过渡性的法律，它本身应该具有引导人民前进的极大教育性和解放性质，婚姻条例的立法精神，也应如此”。[③] 1950年《婚姻法》最终保留了革命之初对离婚自由的“激进允诺”。

---

① 金凤：《邓颖超传》，人民出版社 1993 年版，第 457 页。

② 中华全国妇女联合会编：《蔡畅、邓颖超、康克清妇女解放问题文选》，人民出版社 1988 年版，第 172—173 页。

③ 黄传会：《天下婚姻：共和国三部婚姻法纪事》，文汇出版社 2004 年版，第 48 页。

有关激进离婚自由原则是否写入婚姻法的争议过程比最终结果更耐人寻味。其实早在革命时期，反对单方请求离婚的人中就有不少是妇女。因为在革命运动内部，男性党员要求与他们的（农民）妻子离婚的情况并不鲜见，他们的借口是妻子政治“落后”，实际上是想和其他（来自城市的）女同志结婚。丁玲1942年在“三八”妇女节发表的著名文章，批评党内的男性沙文主义，也影射了这一点。[①] 女性内部在激进离婚自由问题上的不同看法恰恰从一个侧面证明了妇女解放的局限性——并没有从法律的、文化观念的层面彻底解除男女不平等的婚姻制度对女性的束缚。由于婚姻仍然是绝大多数人的生活选择，在当时的社会条件下，女性在身份地位、经济收入和社会承认的获得上仍然仰赖于婚姻。彻底离婚自由实施之后，给女性带来解放的同时，也使得作为劳动力与性资源而存在的女性的流动性增加了，这确实有利于处于权力优势地位的男性。因此，女性的担忧与对离婚自由的反感，也反证着等级化社会结构的根深蒂固。

（五）小结

1950年《婚姻法》中的激进离婚自由原则是国家对革命年代以“离婚自由”推动妇女解放的实践经验的法律确认。与西方国家在经过独立的女权运动，综合考虑男女在现实中存在诸多不平等而缓步实施“无条件离婚”的节奏不同，共产党领导的中国革命根据马克思主义婚姻观，以政治干预和社会动员的方式，从法律上直接赋予妇女以婚姻上的自主权利，在较短的时间内就完

① 黄宗智：《离婚法实践：当代中国法庭调解制度的起源、虚构和现实》，载黄宗智主编：《中国乡村研究》，社会科学文献出版社2006年版。

成了妇女从无离婚自由到享有绝对离婚自由的历史过程。这对于提升妇女地位和实现妇女解放产生了重大的积极影响。但激进离婚自由原则究竟在何种程度、何种意义上实现了妇女解放，则是一个需要谨慎回答的问题。

激进的离婚自由所带来的妇女解放，首先是情感表达上的解放。女性在法律的支持下意识到自身对婚姻是有选择和支配权的，这样的自由对于女性来说是前所未有的；其次是活动空间上的解放。冲出家庭束缚走向经济生产和政治参与的广袤世界的妇女所焕发出的能量也是空前的。由于革命的政治干预之深和地域覆盖之广，妇女解放的深度和广度也史无前例。但在激进离婚自由原则的实践过程中可以看到，妇女解放的实现程度取决和服从于革命的发展态势，在出现不利于革命的情况的时候，在离婚自由问题上不断作出修正和调整则是必然之选，这主要是考虑到革命的发展需要而非单一的迁就男性农民，当然，法律在作出修正和调整的同时无疑又延续了家庭内不平等的性别关系。

激进离婚自由从提出到实践，再到最后得到法律确定的过程，也征示出革命与妇女解放的关系：妇女解放内含于革命得到开启，妇女既是作为被解放的对象，也是作为被调动的力量，融入以革命为首要任务的妇女解放运动之中的。妇女解放事业受益于革命，也依附于革命。这段历史也预言了新中国成立之后妇女解放运动的模式：在国家的政治干预和强力动员之下，妇女被调度到需要其发挥力量的社会空间之中，一旦任务结束，国家工作重心发生转移，妇女解放的事业又被忽略和搁置。在寻求妇女解放的道路上，如何处理国家与妇女的关系，始终是一个既有理论挑战又有实践意义的问题。

二　1980年《婚姻法》离婚条款与妇女解放

（一）问题的引出

秦香莲是中国戏剧舞台上著名的悲情人物。角色出自《铡美案》，其夫陈世美，功成名就后抛妻弃子。秦香莲于是上告青天包拯。包拯为匡扶正义，怒铡陈世美。秦香莲也成为被抛弃妇女的代名词，陈世美则成为薄情郎的典型代表。20世纪80年代，发生了一起“当代秦香莲案”：1982年11月25日，25名丈夫有婚外情的女性联名写信给时任党中央总书记的胡耀邦，反映她们的婚姻家庭由于被第三者插足几近破裂。来信的目的主要是希望党中央能够出面帮助她们解决婚姻问题。

信的开篇是这样的：“胡总书记：我们是在婚姻家庭问题上受第三者插足的受害者，本不该打搅您，但因国家制定的婚姻法离婚部分有漏洞，它使一些缺乏道德的人钻了空子，使好人受气，道德败坏的人得了逞。法院在处理这类问题时压制我们这些受害者，客观上起到了助长违法乱纪的人更合法化，我们被逼得无路可走。因此我们25个同志并代表我们43个子女急切地请求您给我们做主，并请您尽快地帮助我们解决实际问题。”① 这封群众来信的真实性在党内妇女干部罗琼同志的晚年访谈录中得到证实。“11月29日，中共中央总书记胡耀邦同志，把一封群众来信批给康克清大姐和我，这封信的内容主要反映第三者插足，破坏家庭。耀邦批示‘家庭仍是我国社会的细胞，我们婚姻家庭

---

① 黄传会：《天下婚姻：共和国三部婚姻法纪事》，文汇出版社2004年版，第172—173页。

问题处理好坏，直接影响我国社会的发展。但婚姻家庭问题是一个很棘手的问题，它不但要用正确的法律去约束，还要用正确的社会舆论去引导。'"①

这起在今天的人看来可能有些荒诞的事件中隐含了几个需要回答的法律问题：她们信中所说的“有漏洞”的“国家制定的婚姻法离婚部分”指的是婚姻法中的哪些离婚条款？国家是在怎样的历史环境之下出台相关离婚条款的？这一离婚条款的设立对于妇女解放又意味着什么？

（二）1980 年离婚条款出台的时代背景

1980 年《婚姻法》是在 1950 年《婚姻法》的基础上修订而成。在离婚条款上，1950 年《婚姻法》第 17 条规定，离婚分为两种，一种是“男女双方自愿离婚的，准予离婚”，另一种是“男女一方坚决要求离婚的，经区人民政府和司法机关调解无效时，亦准予离婚”。这就是当时在世界上比较先进的“破裂主义”的离婚原则。② 相比较 1950 年《婚姻法》，1980 年的《婚姻法》在离婚自由这一基本原则上并没有实质改变，但在条文中增加了一句“如感情确已破裂，调解无效，应准予离婚”。也就是说，感情是否破裂成为法院判断是否准予离婚的重要依据。

1. 条款制定的司法基础

1980 年《婚姻法》增加“感情确已破裂”这一条件，并非突然之举。事实上，1950 年《婚姻法》中虽然在离婚问题上确

---

① 段永强：《罗琼访谈录》，中国妇女出版社 2000 年版，第 187 页。

② “破裂主义”指以夫妻双方婚姻关系破裂，无法维持共同生活为理由，夫妻一方或双方均可要求离婚。

定了破裂主义离婚原则并且没有列举离婚的具体条件，但并不表示在实际的司法审判中，面对情况复杂的社会生活，法院都完全遵照这一原则判案。从 1950 年之后出台的一系列司法解释中可以看到，在如何掌握准予与不准予离婚的原则界限问题上，司法实践中一直存有争议。从这些司法解释中可以看到，在 1980 年之前，关于离婚条件就已存在“正当理由论”和“感情破裂论”之争，这些争论为 1980 年《婚姻法》的修改奠定了基础。

1950 年 6 月 26 日的《中央人民政府法制委员会有关婚姻法施行的若干问题与解答》曾提出，“有正当原因不能继续夫妻关系的，应作准予离婚的判决；否则也可以作不准予离婚判决”。这便是以“有正当理由不能继续夫妻关系”作为判决离婚的依据。①

1953 年 3 月的《中央人民政府法制委员会有关婚姻问题的解答》又强调，“经调解无效而又确实不能继续维持夫妻关系的，应准予离婚。如经调解虽然无效，但事实证明他们双方并非到确实不能继续同居的程度，也可以不批准离婚”。这里取消了“有正当原因”，但仍规定“不能维持夫妻关系的”，或“确实不能继续同居的”，可以批准离婚。

1963 年 8 月 28 日，《最高人民法院关于贯彻执行民事政策的几个问题的意见》中第一次明确提出了“感情是否完全破裂”的离婚标准。对于那些感情尚未完全破裂，经过调解、教育有重新和好可能的，不要轻率判决离婚；那些夫妻感情确已破裂，确无和好可能的，法院应积极做好坚持不离一方的工作，判决离

① 张希坡：《中国婚姻立法史》，人民出版社 2004 年版，第 338 页。

婚。至于如何判断夫妻感情完全破裂，则要认真分析其婚姻基础、婚后感情和离婚的原因。

1979 年 2 月 2 日的《最高人民法院关于贯彻执行民事政策法律的意见》在重申原有的解释之后，特别强调要把“夫妻关系确已破裂，无法恢复和好”定为离婚条件。这里，用“夫妻关系”替代了“夫妻感情”。而事实上，感情是维系夫妻关系最重要的因素，夫妻关系破裂肯定感情也已经破裂。

1950 年到 1979 年的这些司法解释中关于“夫妻感情完全破裂”或“夫妻关系确已破裂”的认定，为 1980 年《婚姻法》的修改奠定了基础。[①] 1980 年《婚姻法》的实际修订过程中，在离婚理由问题上是取感情破裂说还是正当理由说，也曾经发生过争执，最终是感情破裂论占了上风，成为 1980 年《婚姻法》第 25 条规定的法定离婚原则，即，感情确已破裂，调解无效，应当准予离婚。法律之中同时列举了判断感情是否破裂的几项标准，实质上形成了破裂主义兼采有责主义的离婚原则。至此，我国的离婚法确立了以“感情”为基础决定离婚与否的原则。

2. 条款制定的时代背景

司法实践中关于离婚条件的探索为 1980 年《婚姻法》在离婚条款上修订奠定了基础。1980 年这一特定时代之下国家所面临的社会形势，也是立法者需要考量的重要因素。

（1）社会主义现代化建设的需要

法律并非诞生自真空，它往往承载着特定的时代任务。如前文所言，1950 年《婚姻法》中之所以确立了比当时的西方还要激进

① 张希坡：《中国婚姻立法史》，人民出版社 2004 年版，第 339 页。

的离婚自由原则，是与要继续完成革命时期已经承诺的打破旧的婚姻家庭制度、解放妇女的任务有关。如有学者指出，1950年《婚姻法》如是规定，是与当时解放妇女的任务联系在一起的。“在新中国成立初期，以法律来保障男女离婚自由，正和保障男女结婚自由一样，首先是作为反对和废除旧的封建主义婚姻制度的必要手段，是使那些受封建主义婚姻制度深重痛苦而坚决要求离婚的男女，尤其是那些受苦最重迫切要求离婚的妇女得到肉体上和精神上的解放，以增进人民的幸福和提高社会生产力。这是进步的合乎新社会发展需要的一种社会改革。”①

三十年过去，到了1980年，积极破裂主义离婚原则所针对的封建婚姻形态——包办买卖婚姻已不如五十年代那么普遍，时代任务已有所不同。例如，参与过1980年《婚姻法》制定工作的婚姻法学家杨大文如此描述1980年《婚姻法》出台的时代背景：考虑当时我国婚姻状况已完全不同建国初期，那时要求离婚的主要是旧社会普遍形成的封建包办婚姻，提出离婚诉讼的绝大部分是受压迫的劳动妇女。新中国成立三十年来，随着社会主义革命和社会主义建设的发展，妇女大量参加社会劳动，男女政治、经济地位平等，妇女地位有了很大的提高。纯属强迫包办的婚姻，即便‘文革’期间有所回潮，但毕竟比起解放初期来要大大地减少。② 有关文献亦明确记载，1980年《婚姻法》所承载的时代任务之一，是服务于“现代化建设”：十年“文革”结束之后，1978年12月召开了中国共产党十一届三中全会，在这次全

---

① 张希坡：《中国婚姻立法史》，人民出版社2004年版，第337页。

② 黄传会：《天下婚姻：共和国三部婚姻法纪事》，文汇出版社2004年版，第145—146页。

会上，做出了要把工作重点转移到“社会主义现代化建设”上来的战略决策。[①] 在舆论宣传中，1980年《婚姻法》被赋予的根本任务也是“巩固和发展社会主义婚姻家庭制度，同婚姻家庭领域里残存的旧习俗、旧思想作斗争，以保障公民的合法权益，促进社会主义现代化建设”。[②] 正如1950年《婚姻法》一样，婚姻法并不只是简单用以规范家庭生活，还是巩固和发展受当时社会认可的婚姻家庭制度的工具。

（2）重建社会主义法制的需要

现代化建设——作为国家宏观层面的战略部署——在20世纪80年代提出具有特别重要的意义，因为“文化大革命”刚刚结束，现代化建设意味着动乱的终结和社会发展有了明确的目标。动乱之中，社会处于失范之中，法律被弃而不用。动乱结束也意味着需要重建法制，使社会规范有序。

“文革”期间，离婚被极“左”思潮看成为“资产阶级思想”“道德败坏”“当代陈世美”的代名词，人民法院在审理离婚案件时，一直就坚持宁严毋宽的原则，婚姻法变成了一纸空文。根据金大陆对“文革”时期上海日常生活的研究，“文革”期间上海离婚仅6000多例。这个反常的数据一方面证实了政治对日常生活的禁锢，另一方面证明婚姻法的确形同虚设。1978年12月召开的中国共产党十一届三中全会上，除了做出了要把工作重点转移到“社会主义现代化建设”上来的战略决策，还重点提出了健全社会主义民主和加强社会主义法制的任务。[③] 因此，

① 张希坡：《中国婚姻立法史》，人民出版社2004年版，第229页。
② 杨大文：《婚姻法学》，中国人民大学出版社1989年版，第93页。
③ 张希坡：《中国婚姻立法史》，人民出版社2004年版，第229页。

1980年修订婚姻法的时候，在离婚条件上，除了重申离婚自由的目的，还在离婚条件上更加规范化，强调“感情破裂”，并且列举出了感情破裂的衡量标准。这是法制建设进一步完善的一个重要表现。通过对与人们生活的常态化休戚相关的婚姻法作出修订，既重申了法律权威，也为人们提出离婚和法院判决离婚提供了明确的依据。

（3）重建共产主义道德的需要

1980年《婚姻法》还承担着在“文革”结束之后重建共产主义道德的使命。对于1980年《婚姻法》中为何确定以“感情破裂”作为离婚条件，当时的立法机关负责人曾作如此说明：“在我们社会主义国家中，要提倡夫妻互相帮助，建立民主和睦的家庭，大力宣传共产主义道德，反对那种对婚姻关系采取轻率态度和喜新厌旧的资产阶级思想。但是，我们也不能用法律来强行维护已经破裂的婚姻关系，使当事人长期痛苦，甚至使矛盾激化，造成人命案件，对社会、对家庭、对当事人都没有好处。”[①]这段说明表明当时的立法者认为婚姻法应是共产主义道德的体现，修改后的婚姻法将“感情破裂”作为离婚条件，突出“感情”因素在婚姻中的重要性，便是对共产主义道德的遵守。反对对婚姻关系采取轻率态度和喜新厌旧的资产阶级思想，其实就是对不忠实于婚姻的行为的谴责，并且这种谴责还带上了政治色彩，以“资产阶级思想”来界定之。需要注意的是，在“但是”之后，又提到“不能用法律来强行维护已经破裂的婚姻关系”。这说明了立法机关负责人在立场上仍存在矛盾之处，即，虽然对

① 武新宇关于《中华人民共和国婚姻法（修改草案）》的说明。见张希坡《中国婚姻立法史》，人民出版社2004年版，第337页。

待不忠实婚姻者可以扣帽子，借助政治话语进行打压，但自1950年开始就已确立的婚姻自由原则也必须坚持。这种略有矛盾的表述与1980年的时代氛围也是吻合的——政治虽然对私人生活仍有干预，但已经无法覆盖所有领域。

上述证据显示，1980年《婚姻法》是在肯定1950年离婚自由原则的基础上，结合之后数十年司法实践的经验而对离婚条件的进一步规范化。“秦香莲”们的信中提到的有漏洞的条款，就是指“感情破裂，调解无效，应准予离婚”这一条，法院对于那些因婚外情而提出的离婚，权衡之后，会以此条为由表示准予，因为原有婚姻中的感情已经破裂了。不愿离婚的妻子们于是将矛头指向了法律。

（三）离婚条款与妇女解放

解放意味着从束缚走向自由。婚姻选择上的自由、性自由，都是妇女解放的面相。因此可以理解1950年《婚姻法》中激进离婚自由条款的确立为何成为妇女解放的标志。1980年修订后的离婚条款比1950年《婚姻法》中关于离婚自由的表述更规范，也不那么激进，其中有关“感情破裂，调解无效，应准予离婚”的规定，使得法院在判决是否离婚时有了一个参考的标准，而非一经提出就可离婚那么轻易。而且，强调婚姻的感情因素，也表明了对“共产主义道德”的坚守。那么，这一条款的制定对妇女解放事业来说又意味着什么？我们看到，“当代秦香莲案”中的女性形象与激进离婚自由实施时期的女性形象形成强烈反差。当1950年《婚姻法》中确立激进离婚自由原则时，更多的是女性要离婚，相伴发生的，还有所谓性自由的“泛滥”。到了1980

年，女性却站在了婚姻的捍卫者和离婚的控诉者的位置，成为苦情戏中的女主角。这种历史角色上的反差及其与妇女解放议题之间的联系实在值得深思。

在开始这一论题之前，需要就这两个时期的离婚条款所共同牵涉的一个社会事实以及当时主流话语对这一事实的态度进行比较。因为从中可以看到妇女解放一词本身具有明显的历史建构色彩。这一事实就是1950年离婚自由原则实施之后在社会层面广泛引发的、1980年女性集体上书维权案中所针对的“性自由”。

1. 不同时期对待“性自由”的态度

确立了激进离婚自由原则的1950年《婚姻法》实施之后，马上出现了离婚率高涨的现象。对此，一种意见是担心出现性秩序的混乱。但当时的主流意见却是很前卫和颇具现代性的，它不是简单地批评性乱，而是把性乱视为离婚不自由的结果：“关于离婚太自由，会造成混乱现象，这种顾虑也是多余的，因为性乱的行为恰恰是由于婚姻不自由。”① 这一看法是针对包办婚姻而言的。既然婚姻法是要将妇女从封建婚姻家庭制度中解放出来，那么婚外之情或婚外之性，都是对包办婚姻的反抗，是因为婚姻的不自由而引起的。在这一特定的政治背景之下，婚外情一定程度上得到了社会的宽容。对因此而提起的离婚请求，当时主流意见是“可以准许”，这和当时的离婚法的逻辑有关——婚姻应当以感情为基础，没有感情就构成了离婚的理由。总的来说，是相当前卫的。

当包办婚姻退出婚姻机制，社会对婚外情的批判开始变得严

① 李银河：《新中国性话语研究》，上海社会科学院出版社2014年版，第272页。

厉。在1950年到1980年期间，关于婚姻法中的离婚理由一项，有过“正当理由说”的建议，也就是说，喜新厌旧的不能离婚。这表明了对婚外情的一种道德谴责。1980年《婚姻法》的立法宗旨中，也是高度政治化地对待这类行为，将其称为“喜新厌旧的资产阶级思想”。

这种道德谴责的思路延续了多年。1987年，党内高层妇女干部蔡畅还做过一个名为《坚决反对性生活和婚姻关系中的腐化堕落现象》的报告。报告中有一段：“人们在性生活和婚姻问题上发生腐化堕落违法乱纪的现象，不仅是男方或女方被欺骗玩弄的问题，不仅是个人的私生活的问题，而是资产阶级思想腐蚀革命阵营，损害革命力量的集中和增长的重大的社会问题。因此我们必须严肃地对待这个问题，坚决同腐化堕落的资产阶级思想和行为作斗争。对这种思想和行为采取迁就、包庇或庸俗的自由主义态度，是危害革命利益的。”① 婚外性行为固然涉及对他人的伤害，但把它定位为资产阶级行为则是一种政治统摄一切的表现。虽然性从来就是政治化的，但如此表述仍显可怖，更何况这一表述还出自妇女群体，个中缘由发人深省。

2. 离婚条款对女性的影响

不同的表述，意味着革命政权或国家机构在根据不同时期的需要建构性自由的意义和妇女解放的内涵，而非始终一致地为妇女解放的实现创造条件，何况在经过政治动员阶段之后，社会终究还是会回到秩序之中。

法律本是不分男女适用于所有人，离婚自由条款也是如此。

---

① 李银河：《新中国性话语研究》，上海社会科学院出版社2014年版，第276页。

而且，在婚外情问题上，女性发生的比例并不比男性低。以上海为样本的研究就显示，很多因婚外情提出离婚的是女性。[①] 但一种现实是，即便是妇女解放的观念经由革命而深入人心，婚姻仍然是大多数女性的一生所托。男方发生婚外情并提出离婚对她们来说无疑是巨大的伤害。绝大多数女性仍然依赖婚姻生活，婚姻解体的影响对她们的影响更大。1980 年《婚姻法》在离婚自由一项上的规定，其实是增加了限制离婚的可能性，因为附加了“感情破裂”的条款。这就给法院不作出离婚的决定留了余地，但法律又明确规定如果确实“感情破裂”了，法院应当准予离婚。对于发生婚外情提出离婚的，在考察了双方的感情确实破裂，婚姻难以维系之后，法院难免做出准予离婚的判决。从“秦香莲”们的信中可以看到，部分法院就是依据“感情破裂”做出了离婚判决。没做好“解放”准备，也不具备“解放”条件的女性们对此的反应，自是与 20 世纪 50 年代大力宣传婚姻自由时不同，她们会竭力捍卫已作为自身情感和经济依附的婚姻。

这也证实了依靠革命事业或国家力量推动的妇女解放所具有的缺憾。革命或国家根据需要来界定妇女解放，而不是从有利于妇女解放的角度，始终如一地为女性创造解放的条件。在不同时期，“性乱”可以是追求自由的象征，也可以是资产阶级思想的反映，所以，女性时而成为追求自由的使者，时而又成为资产阶级思想的谴责者，没有一种统一而连贯的解放者形象。

---

① 徐安琪：《中国离婚现状、特点及其趋势》，《中国社会科学院学术季刊》1994 年第 2 期。

（四）小结

相比较1950年《婚姻法》，1980年《婚姻法》中增加了以“感情破裂”作为准予离婚的条件。这一条款是在肯定1950年离婚自由原则的基础上，结合之后数十年司法实践的经验而对离婚条件的进一步规范化。对于这一离婚条款与妇女解放之关系，可以通过“当代秦香莲”案窥知一二。

首先，与对1950年《婚姻法》与妇女解放关系的探讨离不开革命这一重要历史场景一样，对80年代妇女解放问题的认识也脱离不了国家这个重要的在场者。例如，对于“第三者插足”“婚外情”这类并不独特的私人行为的性质，国家会基于不同时期的需要而有不同解读，同时还会将其意志不同程度地体现在法律中。1950年《婚姻法》要服务于改造封建婚姻家庭和实现妇女解放的任务，所谓的“性乱”被认为是对不自由的婚姻的反抗，在离婚条款上也确认的是激进的离婚自由原则。1980年《婚姻法》修改之前，婚外情或性自由则被认为是“道德”问题或“资产阶级腐朽思想”的表现，这一定性在1980年仍有影响，但是婚姻自由的原则必须在法律中坚持下来，国家以对私人行为予以政治化、道德化的方式来管理婚姻家庭的惯习与婚姻自由这一自革命时期就已确立的传统之间存在一定冲突，这一冲突在1980年婚姻法的修法精神中有所体现。所谓“感情破裂”方可离婚的条款，则体现了对冲突的协调态度。

不愿意离婚的女性们选择写信给国家领导人的方式而不是通过诉讼的方式来寻求帮助，说明她们对司法机关并无信心，也说明此时的国家在一定程度上还能对私人生活进行干预。她们调用了国家层面大力宣传的共产主义道德话语来求得暂时的国家支持，但这种支持并不能维系多久。随着国家逐渐退出私人生活，道德话语逐渐失效，女性能够借助的制度层面的支撑也日益减少。之后，随着市场化的发展，个体主义逐渐在婚姻家庭立法中显影，女性感受到的不公平将以新的形式呈现出来。

三　2001年之后的《婚姻法》离婚条款与妇女解放

2011年《婚姻法》司法解释（三）一出台便引起争议。争议焦点之一即离婚时的房产分割条款。有学者纷纷指责，该条款的存在意味着我国婚姻法中明确了个别财产制，这构成了对长期以来作为我国婚姻家庭稳定之基石的家产制的瓦解，说明我国婚姻法在价值取向上侧重保护婚姻中经济上的强者和男性。其实，我国婚姻法中财产制度的转变，早在2001年就已经开始。2001年全国人大对《婚姻法》做出全面修改，明确划分夫妻共有财产与个人拥有的财产。2001年的《婚姻法》司法解释还特别强调，个人财产不因婚姻关系而转化为夫妻共同财产。也就是说，这种并不利于婚姻中经济上弱者一方的财产制度早在2001年《婚姻法》中就初见端倪。那么，婚姻法为何会在此时期发生变更？女性所承受的不利后果究竟是争取妇女解放必须付出的代价，还是对妇女解放理念的悖逆？因为，如果在权利保障这个起点上就缺乏公平，女性如何可能有条件去追求解放？由于2001年《婚姻法》及之后的三部司法解释诞生自相同的时代背景，在价值取向上也具有相似性，因此，本节将其视为一个整体来予以分析，并对上述问题做出回答。

（一）2001年《婚姻法》在离婚条款上的变化

在此次婚姻法修订过程中，争议最大的问题之一是法律应当适度限制离婚还是保护离婚自由。这一问题主要是针对所谓“第三者”现象提出的。认为应当限制离婚的观点是基于如下认知，即“九十年代以来离婚率居高不下，是受资产阶级腐朽思想和自由化的影响，草率离婚，不负责任。所以新婚姻法应当增加离婚难度”。自1950年《婚姻法》当中确定了破裂主义离婚原则以来，就一直存在要限制离婚的声音，限制离婚意味着对于1950年《婚姻法》中确立的离婚自由原则的否定。但是，尽管有不同看法，离婚自由原则最后还是在2001年《婚姻法》中保留了下来。2001年颁布的《婚姻法》在离婚自由的立法理念指导下，摒弃了以往实际存在的“部分限制主义”的立法理念和“政治—道德一体化”的价值判断标准，在条文的表述上更加接近无过错离婚的立法原则，这意味着婚姻法对离婚自由的继续坚持。

另外，2001年《婚姻法》在1980年《婚姻法》的基础上建立了离婚时的损害赔偿制度、增加了对一方（主要是女方）离婚后的土地承包经营权的保护规定，增设了离婚补偿权（夫妻分别财产制下）规定，补充了对军人离婚特别保护的限制性规定等。应当说，这些规定是婚姻法发展进程上的很大进步，尤其是离婚时的损害赔偿制度的设置，体现了对离婚后弱势一方实际生存状况的准确把握。至此，可见我国离婚法的变化趋势是：从确立婚姻自由，到规范离婚条件，再到致力于离婚时对弱势一方的保护；从单一的保护离婚自由到自由与公平兼顾。但是，字面上的法律并不等同于司法实践中的法律。任何字面上的法律，其社会含义是在司法实践中被不断建构、重构的，而法律的社会后果取决于其社会含义而不是字面意思。当婚姻法和我国的社会现实发生互动之后，完全可能产生“强化性别不平等、损害女性权益”的非预期性后果，尤其是婚姻法中的财产制度部分。很多认为婚姻法可能构成对女性潜在不公的观点，主要是从财产制度的角度得出的。因为，2001 年《婚姻法》在财产制度上与 1980 年《婚姻法》有一个很大的不同。这就是在“家庭关系”一章中，明确列出了夫妻共同财产的 5 项内容并具体列出了归夫妻一方财产的 5 项内容，同时还增加了关于夫妻约定财产的若干规定。从表面上看，这一规定仅仅只是对夫妻一方的个人财产和共有财产作出清晰界定，并无不公平。但是财产制度事关婚姻家庭的稳定，更有关婚内两性的公平，如从这两个方面来审视财产制度，便会发现其中潜藏的问题。对此下文还有详述。

（二）法律修订的时代背景

正如时任全国人大常委会法制工作委员会副主任的胡康生所指出的，实行改革开放政策后，“随着经济、社会的发展，人们的思想观念也发生变化，在婚姻家庭关系方面出现了一些新问题。为了进一步完善我国的社会主义婚姻家庭制度，有必要总结婚姻法的实践经验，针对存在的问题，对婚姻法做出修改补充”。① 从 1980 年到 2001 年期间，中国社会发生了巨大变化，婚姻家庭也相应出现很多新情况和新问题，1980 年基于当时的时

① 胡康生：《关于〈中华人民共和国婚姻法修正案（草案）〉的说明》，第九届全国人民代表大会常委会第 18 次会议，2000 年 10 月 23 日。

代背景所制定的婚姻法显然已不适用于2001年的中国婚姻家庭。

1. 国家与社会关系的变化

从宏观上看，2001年婚姻法出台时的国家与社会的关系，已与20世纪50年代、80年代有显著不同。50年代，国家权力清晰地存在于私人生活之中，对旧的婚姻家庭制度的改造任务也因此而得以完成。80年代初，是全面拨乱反正时期，国家虽然已经确立了将重心放在经济建设上的发展方针，但无论是出于社会主义道德建设的需要，还是从权力惯性的角度来看，国家依然在一定程度上保留了对私人生活的干预权。比如在离婚问题上，国家与社会均将离婚看作有社会破坏作用的事物，不仅法律上体现出对离婚的保守态度——增加了“感情破裂”方可离婚的条款，而且在具体案件审理中，法官会用尽浑身解数使夫妻双方和好。在这一过程中，法官会尽可能详尽地搜集夫妻生活情况并作出道德判断，以道德谴责的方式惩罚、帮教夫妻中的过错一方。这种带有强烈“家长式国家”色彩的审理方式，体现了国家干预个人生活的强大能力。①

在之后二十余年的市场经济体制的建设过程中，国家逐渐从私人日常生活中退出，将婚姻家庭之事交还个人，个人在婚姻家庭中的自由得到充分的体现。尤其，市场经济体制的内在逻辑便是对个人权利和意志的尊重，特别是财产权利。法律上的体现便是——例如，以物权法为核心内容的民事法律规范日益重视对个人财产权和平等主体在缔结合作关系时的意思自治的保护。当婚姻法也沿袭这一逻辑来处置夫妻关系的时候，当事人的婚姻意愿

---

① 贺欣、冯晓川：《离婚法实践的常规化：体制制约对司法行为的影响》，《北大法律评论》第9卷第2辑，北京大学出版社2008年版。

和财产权利自然更加得到重视。在充分尊重当事人意思自治的价值导向之下，对离婚的限制逐渐减少，离婚难度降低，离婚的程序也相应简单化。2001 年婚姻法出台之后，国务院于 2003 年出台的《婚姻登记条例》中有关简化婚姻登记手续的规定，就是一个证明。司法解释三开始往“财产分割法”的方向走就并不奇怪了。新时代审理离婚案件的法官，将“不干预”作为基本宗旨。司法机构既不再将离婚视作“道德败坏”的负面行为，也不再对夫妻双方的家庭生活进行道德判断。对于与过错（重婚、非法同居、家庭暴力、抛弃配偶行为）认定无关的事实细节，法官已经没有过问的兴趣。法官的工作重点不再是探究离婚意愿形成的原因，而是促成离婚协议的和平达成；其关注点不再是是非对错，而是财产分割、抚养权归属等现实问题。①

2. 家庭财产的增加

自 2001 年开始，婚姻法及其司法解释中涉及财产的条款的日益增多，实乃婚姻家庭现实的反映。20 世纪 50 年代，新中国刚刚成立，百废待兴，除了对于农村家庭至关重要的土地之外，遑论其他形式的家庭私产。之后，虽然国民经济有过快速的发展阶段，但是由于政治因素和经济体制的影响，属于个人和家庭的财产并不多，不同家庭在财产拥有量上的差异也不大，较为平均。婚姻家庭经济状况如此，离婚时财产分割过程不会太复杂，婚姻法中涉及财产的条款在法律中所占比重自然也不会太大。但是，自 80 年代以来，市场经济体制的建设带动了国民经济的增长，也带来了经济组织形式的多样化，个体以私人形式开办企业

① 贺欣、冯晓川：《离婚法实践的常规化：体制制约对司法行为的影响》，《北大法律评论》第 9 卷第 2 辑，北京大学出版社 2008 年版。

公司，投资股市或楼市的情况并不鲜见。家庭之中的财产数量和形式也在增加，除了传统的存款、家具、电器之外，还增加了知识产权、房产、股票等新型的财产。当家庭拥有的财产增多，财产形式日益多样，围绕财产的离婚纠纷也相应增加，2001 年《婚姻法》及之后的三部司法解释中越来越多地增加与财产有关的条款便在情理之中。参与了法律修改的巫昌祯教授就曾指出，1980 年《婚姻法》需要修改的原因之一是："这些年来，夫妻财产关系发生了很大变化，八零年《婚姻法》对夫妻财产仅有一条规定，远远不能满足新形势的需要。"①

（三）2001 年之后离婚条款上的变化与妇女解放

从理论上讲，国家退出私人生活领域，确立无过错离婚原则，离婚过程受外界干扰减少，手续逐渐简化，扩大个人财产缩小共同财产份额等种种举措，是在让婚姻回归到作为双方意思自治之产物的本质特性上。例如，有学者在讲到无过错离婚原则时，就认为这是我国婚姻法的成功和进步之处，其原因就在于，它将婚姻从终生契约改变为选择性的有限时间的投入；将婚姻关系中以伴侣为中心的原则改变为以个人为中心的原则，等等。②但是同样有研究者指出，个体自由毕竟不应是婚姻法唯一追求的价值，市场逻辑更不适合于用来解决婚姻家庭问题。尤其是 2011 年的司法解释三，不少研究者指出，该解释偏向个体自由忽视家庭稳定、重在提高司法效率而非追求公平、是以理性化政治取代

---

① 黄传会：《天下婚姻：共和国三部婚姻法纪事》，文汇出版社 2004 年版，第 156 页。

② 李银河：《两性关系》，华东师范大学出版社 2005 年版，第 193 页。

人伦情感方面的考量，等等。① 这不仅不利于家庭的稳定，也会强化性别不平等，损害妇女利益。

1. 中性立法对女性不公

仅从2001年《婚姻法》的法条来看，并无偏袒某一个性别的迹象，它是将婚姻双方视为平等主体，并对相互关系、所涉权益予以法律上的规范与调整，呈现出“中性立法”的面目。但是，由于文化、经济等多种因素的影响，中国婚姻家庭中的两性关系远不是可以用“平等”二字来轻易界定，不考虑婚嫁风俗，无视家庭劳动的性别分工，以“平等主体”结合的婚姻为模板进行的“中性立法”在实施效果上会对女性不公。

司法解释三中受争议最多的第10条是这样规定的，“夫妻一方婚前签订不动产买卖合同，以个人财产支付首付款并在银行贷款，婚后用夫妻共同财产还贷，不动产登记于首付款支付方名下的，离婚时该不动产由双方协议处理”。此条表面看来并没有偏袒任何一方，但是按照中国的传统和习俗，不管是婚前还是婚后，准备房子基本是男方的事。女性结婚的时候并不负责准备房产，而是准备嫁妆，嫁妆的价值随时间推移而灭失，房子具有储值功能，并在一定时期内还会连续升值。这一条款在实施之后，势必会对更多女性造成不利影响，使得她在家庭财富的分配中无法获得公平的份额。②

再如家庭劳动的女性化。由于传统性别分工的影响，当前中

① 吴飞：《当代中国的价值缺位》，强世功：《司法能动下的中国家庭——从最高法院关于〈婚姻法〉的司法解释谈起》，赵晓力：《中国家庭资本主义的号角》，《文化纵横》2011年2月刊。

② 反对家庭暴力网络/北京帆葆2012年2月婚姻法司法解释（三）影响及实施情况调研报告。

国家庭中无酬家务劳动多是由女性来承担。有学者认为，20世纪90年代中期的市场化转型是通过两种私化——产权的私有化和家庭的私人化——实现的。通过把再生产部分的劳动推入家庭，一方面制造出中国廉价的劳动力，另一方面使绝大多数女性处于结构性不利地位，在家庭内部传统的性别化劳动分工没有得到彻底改变之前，再生产劳动的私人化很大程度上体现为女性化。① 也就是与再生产有关的劳动——特别是生育、养育、照料等工作——被视为家庭私人又主要是女性的事情。婚姻法中的财产制度理应考虑这一社会现实。

尽管婚姻法中的分别财产制和共同财产制都是以实现男女平等为目的，但是我国台湾学者林秀雄认为，“分别财产制尊重夫妻双方各自独立人格，以确保夫妻双方之经济独立为目的。而共同财产制是以保护专事家务而无经济能力的家庭主妇为目的”。② 那么，我国是否已经具备分别财产制的基础？我国“妇女社会地位调查”数据显示，今后相当长一段时期内，我国妇女整体经济地位仍将低于男性。在劳动分工上，妇女是人力资源再生产的主要承担者，但是这些有价值的劳动通常是无报酬的，尚未得到社会的充分认识和承认，也未被纳入国民经济统计之中。因此，无论是从我国社会经济发展的一般水平出发，还是从夫妻社会收入差距与他们从事家务劳动时间的长短考虑，我国还不具备以分别财产制为法定财产制的社会基础与社会性别基础。婚后所得共同制将婚姻关系存续期间夫妻“协力”所得的各种财产及婚前财产的孳息一并作为共同财产，由夫妻双方平等享有使用、收益和处

① 宋少鹏：《资本主义，社会主义和妇女》，《开放时代》2012年第12期。

② 林秀雄：《夫妻财产制之研究》，中国政法大学出版社2001年版，第36页。

分的权利，实际上承认了妻子从事家务劳动的社会价值，是当前我国法律承认家务劳动社会价值，弥补男女之间社会经济地位差距的必要举措。如果民法典在法定通常夫妻财产制类型的立法选择上，以分别财产制取代现行婚后所得共同制，将会忽视广大妇女尤其是农村妇女的利益诉求，不利于婚姻家庭的和谐与稳定，也会有碍夫妻间社会性别公正的实现。1980 年《婚姻法》中有夫妻共同财产制的规定，而共有财产制其实是将妇女在家务上的付出考虑进去了。[①] 但这层保护从 2001 年实施分别财产制后已不再存在。削弱夫妻共同财产制会损害妇女利益的看法就是因此而来。

再有离婚女性生活的贫寒化。这一在西方国家同样存在的现实，都迫使现代国家在强调婚姻自由的同时，也充分考虑弱势一方的情况，给予弱势方必要的补偿。比如，在有各项制度以弥补女性生育周期和家庭内部无酬劳动等给女性个人发展造成的损失的西方国家，仍对离婚女性采取倾斜保护的政策，甚至，还会反思国家权力从婚姻领域中退出所带来的种种社会问题并设法减少对弱势方的伤害。[②] 事实上，我国在修订 1980 年婚姻法时所制定的离婚救济措施，也的确有与此相似的初衷。但是，有研究指出，法条适用标准过于苛刻、法条制定和适用中未考虑妇女适用法律中面临的困难、法条比较抽象、缺少可操作性等问题，致使离婚损害制度存在很多不足、矛盾和漏洞，实践中无法保护被侵

---

① 黄宇：《婚姻家庭法之女性主义分析》，博士学位论文，西南政法大学，2007 年。

② 凯瑟琳·肖·斯帕特（Katherine Shaw Spaht）：《家庭法一百年——法律从婚姻领域中的撤出》，张学军、庄素鹃译，载公丕祥主编：《法制现代化研究》（第 10 卷），南京师范大学出版社 2006 年版，第 284 页。

权人。①

2. 司法实践对女性缺乏保护

婚姻法对女性的影响还需结合司法实践才可全面呈现出来，虽然2001年婚姻法及之后的司法解释的立法初衷是支持性别平等和女性独立，但落实到司法实践中后，却造成了“强化性别不平等、损害女性权益”的非预期性后果。

香港城市大学教授贺欣和美国加州大学圣迭戈分校副教授Kwai Hang Ng曾在《法律与社会评论》上发表研究文章，分析2001年出台的新婚姻法如何在司法实践中弱化了对女性的司法保护。他们根据2011年在华南某基层法院20余个离婚案件审理的旁听记录，并辅以对若干法官的访谈，发现在2011年婚姻法司法解释出台之前，已有三个司法趋势影响了离婚案件审理。第一，“重调解、轻审判”成为基层民事司法的基本工作思路。在政策工具和行政命令引导下，法官更愿意以调解而不是审判的方式了结离婚案件。第二，离婚案件的取证责任由法官转移到诉讼人身上，除去诉讼人所提交的证据之外，法官没有义务了解更多的情况。第三，离婚诉讼中的法官的自我定位由“私生活干预者”转向“程序执行者”，逐渐接受“法律无法真正约束私人生活”的思想，越来越不愿意用法律约束诉讼人的婚姻生活。作者指出，这样的司法实践在三个方面损害了妇女的权益。第一，它忽视了婚姻作为一种生活状态对诉讼人（尤其是不愿离婚的一方）的情感和精神意义，不考虑诉讼人是否为离婚后生活做好了准备，消弭了司法机关对离婚决定的审慎态度；第二，它关闭了

① 陈明侠、黄列：《性别与法律研究概论》，中国社会科学出版社2009年版，第226页。

诉讼人（尤其是婚姻中的弱势一方）通过道德武器维护自身权益的通道；第三，一般而言男方比女方在物质利益的讨价还价上更占优势，调解最后达成的结果往往有利于男方。

文章还指出法院在调解时所使用的“实用话语”是理解当今离婚司法实践的命门。当夫妻双方均表现出离婚意愿时，法官甚少关心其意愿表达是否完全出于自觉自愿或婚姻是否还有挽回的可能性，而将精力集中在利益分割的协商中。夫妻双方一方想离、一方不想离的情况（现实中以男方想离、女方不想居多），对法官而言则要复杂一些。因为“夫妻感情破裂”已经是法定的离婚充分条件（而反复提出离婚诉讼被视作“夫妻感情破裂”的表现），并且“法律无法真正约束私人生活”的思想被广泛接受，因此对多数法官而言，站在想离婚一方的立场上、劝另一方接受离婚，成为成本较小的一种选择。在调解过程中，法官惯用的话语包括：将离婚正常化（“离婚我见得多了，不算什么事”）、降低对婚姻的效用判断（“你觉得你俩还能过得好吗”）、用物质利益引诱（“分割财产的事儿好商量”）。其中，物质利益引诱是核心话语。

可以看出，离婚案件中司法判断的“实用话语”，既与道德无关，也不基于公民的法定权利，而是基于物质利益的算计。婚姻的情感和精神含义基本被剥夺了，成了一种可以用金钱交换的物质关系。需要指出的是，法官在实践“实用话语”时，往往是出于保护婚姻中弱势一方的好意，而对其中隐含的深层问题并不知觉。从根本上说，“实用话语”是将婚姻关系商品化的逻辑。婚姻关系的商品化现象并不新奇，但在旧有的社会习俗中主要体现在结婚上（如买媳妇），而用物质利益逻辑解决离婚纠纷，则是2001年婚姻法颁布后广泛出现的新现象。

（四）小结

2001年之后相继出台的最高法的三部司法解释，都是在不断延续之前的离婚条款的基调：在不再限制离婚自由的前提之下，尽量排除国家对家庭身份关系和财产关系的干预，在家庭财产领域推进私人财产神圣原则。而在具体的条文上，则是日益专注财产分割的每一个细节（而不是如何认定感情确已破裂）以便于法院处理离婚纠纷，而且，经济发展的每一阶段诞生的特殊财产形式都在司法解释中得到反映。到了2010年司法解释三的征求意见稿中，“房产”这个90年代住房体制改革和房价高企的情势之下出现的特殊增值财产，以及反映了女性在经济上的依附性的“小三”、“二奶”现象，也逐渐成为立法部门要考虑在内的新问题。与此同时，在不尽完善的市场化过程中，女性遭遇的经济上分配的不公与文化上的不尊重的问题，也日益凸显。2011年出台的司法解释三，之所以会被认为对女性不公，就是与上述背景联系在一起的。

四 总结

通过上述梳理与分析，我们可以发现：

1. 婚姻内部的两性权力关系并未得到改造，彻底实现离婚自由并且瓦解了共同财产制的离婚条款有碍性别公正的实现。

朱迪斯·斯泰西（Judith Stacey）曾以1950年《婚姻法》为文本，指出1950年《婚姻法》虽在提高女性地位上功效明显，但在同时，由于五十年代的社会改造运动依然依赖父权家庭，婚姻法在实现性别平等和家庭改造方面并不成功，它最终只是加强了传统价值观，并且制造了一种新形式的社会主义父权家庭。对于革命与父权家庭的较量及最终的妥协，黄宗智也有过类似的描述。阎云翔将婚姻法和其他家庭改造政策视为国家改造私人生活的手段。通过在北方村落的人类学调查，他发现，1950 年《婚姻法》中确立的离婚自由原则对传统父权与男性地位确实构成了一定威胁，但是这一威胁并不意味着婚姻内两性关系也相应发生了改变。

1980 年离婚法在离婚条件上有所限制，这是国家在特定时代出于社会管理的需要而对私人生活的必要干预。国家替补了 50 年代破裂主义离婚自由原则实施后，婚姻家庭中出现的儒家父权空位，继续接管私人生活。国家对婚姻家庭的干预，是通过与统治结构高度一体化的政治和道德双重话语压力来实现的。在离婚条件上，增设了须以“感情破裂”为由方可提出离婚的条款。由于婚姻内部的两性关系并未得到实质的改造，社会整体的经济和文化条件也并不足以让女性可以完全脱离婚姻而生存，“感情确已破裂，应准予离婚”的规定事实上可能让婚姻内部的挪转空间和社会资源更为充足的一方获得较大自由，而这一方更多的时候是男性。不愿意离婚的女性只好调用国家层面大力宣传的共产主义道德话语，求得暂时的国家支持，于是，80 年代出现了丈夫有外遇的一群女性集体上书国家总理的“秦香莲上访团”事件。之后，随着国家逐渐退出私人生活，道德话语逐渐失效，婚姻中居于弱势一方的女性能够得到的体制和文化上的支持也日益减少。

2001 年之后，带有市场个体主义色彩的婚姻法离婚条款对于很多女性而言并非福音。因为市场个体主义的婚姻法离婚条款是以一种双方地位完全平等的婚姻为模板而制定出来的，这显然不符合中国婚姻家庭的实际情况，也忽视了两性不平等的社会现实。全国妇联和国家统计局联合组织的中国妇女地位调查数据显示，我国妇女整体经济地位低于男性，妇女作为人力资源再生产的主要承担者，其劳动价值仍未得到社会的充分承认，也未被纳入国民经济统计之中。

另外，婚姻家庭中大量的无酬家务劳动仍然由妇女承担、传统婚俗中仍以男方购买房产女方准备嫁妆居多。无视这一社会现实，以分别财产制为基础的市场个体主义婚姻法离婚条款是以片面的、形式上的平等掩盖并助长了婚姻内的两性地位实质上的不平等。

2. 为求解放，女性以不同形式参与婚姻法的制定与实施，与父权国家和家庭进行协商与博弈。

1950 年《婚姻法》因为确立的激进离婚自由原则能让广大女性从封建婚姻家庭制度中逃离出来，被认为是妇女解放史上一部极为重要的法律。不同的女性群体参与到了这一原则的制定和实施过程中。例如，党内高层的女性干部，即国家女权主义者们对这一离婚原则的坚持；例如大量女性为争取婚姻自由而自杀或被杀，以生命为代价与父权家庭相抗争；例如，在一些地方的离婚诉讼中，妇女会巧妙利用官方的言辞或法律来为自己服务，她们的参与未必是有组织的、政治性的、理性的，但是却促使了婚姻条例的进一步修改与完善。

1980 年的以“感情破裂”为标准的离婚原则，事实上使男性比女性享有了更多的离婚自由。80 年代“秦香莲”们的上访是感受到不公平的一群女性的集体抗争行为。虽然她们所借力的社会主义道德话语和国家父权与妇女解放的理念之间存在冲突，但在当时的社会条件下，她们的抗争行为至少能让社会关注到法律中潜在的不公。2001 年之后的市场个体主义立法对女性可能构成的负面影响也为不同层面的女性所意识到。立法机构、妇联、民间女性组织以及学者们，纷纷通过不同渠道、以不同方式对法律提出批评和修改意见。

3. “性”逐渐脱离国家管制，“性自由”上的男女不平等依然存在。

1950 年确立的激进离婚自由原则的贯彻实施，打破了社会中既有的性秩序，整个社会的“性”相比以前处于更为自由、活跃的状态。对于“性自由”，当时的主流意见并不是进行简单的批评，而是把这种所谓的“性乱”视为离婚不自由的结果。为了达到改造婚姻家庭的目的，“性自由”被解读为婚姻不自由的结果和自由恋爱的体现，在一定范围内得到了当政者的默许。

当包办婚姻随着婚姻家庭改造任务的完成而逐渐退出婚姻机制，性自由的另一种表现形式——婚外情，却受到了严厉的批评。个人在性问题上的越轨不只是一个私人问题，而是对国家试图建立的性秩序的挑战。在国家控制私人生活的年代，婚外情被进行了高度政治化的解读，例如这类行为被认为有违社会主义道德、是受到了腐化堕落的资产阶级思想的影响。离婚法对此也有所反映。例如，1980 年，立法者就以重建社会主义道德为名，对离婚自由给予了一定限制。婚姻法承担了一定的道德教化功能。但是，由于不能在婚姻自由问题上发生倒退，法律最后做了折中，规定“感情确实破裂的，应当准予离婚”。之后，私人生活往日益自由的方向发展，国家退出了对私人生活的管制，2001年之后的婚姻法已不再担负道德训诫的功能。虽然在婚姻法修订的过程中，也讨论过是否要对第三者、包二奶等行为进行立法制裁、是否要放宽重婚罪的认定标准、增加配偶权等等，但是法律最终并没有采纳这些建议。

“性”脱离了国家管制回归个人私事，这本身是时代进步的表现。但是事实上，男女两性在性自由的享有上从未获得经济和文化上的同等支持。性自由会逐渐成为社会资源更为充足的一方的自由，这一方更有可能是男性。所以，1980 年出现“秦香莲上访团”、1987 年中共高层妇女干部蔡畅在报告中调用政治和道德话语来批评性自由、2001 年婚姻法修订过程中不少人提出增设配偶权，就成了情理之中的事。

第六章

援交者：社会治理中的他者

2011 年 11 月，S 市某区检察院对警方破获的一起未成年女性参与和介绍卖淫的特大案件提起了公诉。该案涉案人员多达 20 人，其中多数为在校中学生，2 人为未满 14 周岁的幼女，涉及 S 市某职业学校分校、普通高中等 9 所学校。司法机关发言人借用日本的习惯用语，称这类行为为“援交”。[①] 在媒体报道与渲染之下，该案迅速成为舆论热议的焦点，尤其是参与“援交”者的未成年、女中学生身份，更是激起了公众的道德义愤。一时间，对这些女中学生生存状态的忧虑，对家庭和学校道德教育缺失的批评、对物质至上的社会风气的谴责之声不绝于耳。

有别于主观和带有价值判断的评论，笔者所关注的是这些女生是如何被司法机关、媒体和民众所言说的，也就是说，原本处

---

① 援交，原本是“援助交际”的简称，是一个源自日本的名词，最初指少女为获得金钱而答应与男士约会，但不一定伴有性行为。现在，“援交”已成为学生卖春的代名词。由于“援交”一词目前在我国仅仅是民间用语，并非法律术语，有关司法机关的发言人以“援交”来界定这一事件的性质失之轻率。因此，合乎我国法律规范的用语，应当是“未成年女性参与和介绍卖淫”。笔者在行文中，会根据不同语境，交替使用“援交”和“卖淫”这两个词。

于社会边缘地带的她们在进入权力机构、强势媒体和社会舆论的视野之后，获得了怎样的社会形象。我们注意到，在这个话语创造事实的过程中，援交女生和普通卖淫者一样，以社会道德滑坡的牺牲者或教育失败的受害者等形象嵌入了社会治理的话语之中，她们的声音被司法机关的发言、媒体报道和社会评论所覆盖，依然是福柯所说的“无名的他者”。如要切实有效地保护未成年人的利益，必须深入援交者的生活世界，通过她们的声音去探察援交之所以发生的各个层面的原因。

一 背景：从“禁”到“治”的话语演变

卖淫被认为是世界上“第二古老”的行业，中国的历史也可证明这一点。有学者考证，殷商时期就存在类似宗教卖淫的“巫娼”，此为中国娼妓的起源。之后，这一行业的存在形态进入官营娼妓为主的时期（始于春秋，鼎盛于唐、宋、明代），再进入私营娼妓的时期（盛行于明、清以及近代）。因此，在近代以前，娼妓行业并没有被严格禁止，而是以官、私两种经营方式并存于世。但是，自清代中叶开始，妓业开始被查禁，及至20世纪初，“禁”一直是对待娼妓业的主流话语，而“禁”的规模与效果则在1949年后达到顶峰。

（一）清初到民国的明禁实存

据史料记载，清初的时候，官妓已经明令取消，私人妓业日见勃兴，不仅下等妓院有所发展，而且大中城市的中上等妓院也迅速发展起来。清代中叶以前妓业稍有查禁，对开设娼寮和冶游者还有一定的禁令，一些地方妓院转入赌馆、酒店和密室之中，具有半地下的性质。咸丰以后禁令名存实亡，到光绪三十一年（1905 年）清政府巡警部在内城设巡警厅，公开抽收妓捐，在法律上公开默认妓女，变相复活了绝迹已久的官妓，妓业由此得到官方的支持，公娼、私娼顿时增多，这种做法一直延续到民国。[①]

（二）1949 年后的彻底禁娼

20 世纪初，娼妓业作为腐朽社会制度与文化传统的象征，被视为女性遭受封建社会压迫的集中体现，受到了“五四”前后中国新知识分子的痛恨与批评，因此在社会兴起了呼声强烈的废娼运动。1920 年以后，这一运动发展得轰轰烈烈，对社会颇有影响。但是，虽然当时国民政府和地方政府时断时续地发动取缔无照卖淫的活动，人们对娼妓问题也越来越关注，[②] 最终结果却是并没有真正完全做到禁娼。在全国范围内彻底地实现禁娼，是在新中国成立之后。

1949 年新中国成立以后，人民政府开始了在中国清除娼妓业的一场运动。1949 年 11 月 21 日北京市一夜之间封闭了所有妓院。从 1951 年开始，上海也开始全面禁娼。经过数年的努力，直到 1958 年政府宣布娼妓业在中国彻底消灭。人民政府之所以能完成“禁”娼这项在现代国家普遍难以实现的任务，学界的解释是，第一，人民政府强大的组织能力，使之能将国家管辖力伸向以往市政当局曾经失败的领域。在强大的国家权力渗透之下，

---

① 王书奴：《中国娼妓史》，上海三联书店 1988 年版。

② ［美］贺萧：《危险的愉悦：20 世纪上海的娼妓问题与现代性》，韩敏中、盛宁译，江苏人民出版社 2010 年版，第 246 页。

不只是娼妓业得以取缔，在这段时间，社会中的违法犯罪的行为都相当罕见；第二，把妓女视为阶级姐妹，像发动农民斗地主一样，组织她们斗老板、老鸨等剥削阶级，使她们像农民一样获得翻身解放。[①] 这就通过“苦难—拯救”的诉苦机制，让妓女对自己的过去的认识与革命的合法性和对国家的认同联系起来，成功地实现了对这一群体的思想干预；[②] 第三，解决出路。政府为妓女提供各种出路，安排妓女在城市中就业，帮助她们结婚，她们回乡也可平等地参加“分田地”。有出路之后愿意继续卖淫的女性也就近乎于无。第四，也是最根本的是靠此后全面实行的计划经济体制。计划经济体制之下，中国人的日常生活需要都是靠计划配给，基本消灭了钱的功能，性交易也失去了存在的土壤。这种情况一直延续到80年代。[③]

（三）20世纪80年代以来的综合治理

20世纪80年代以后，娼妓业“死灰复燃”且发展迅速。性交易的场所、价格和流动形式的多样化，成为20世纪末中国娼妓业最显著的特征。面对卷土重来的卖淫嫖娼问题，政府部门的应对办法主要有两种。一种是依法惩治。即通过颁布公告通知和地方性法规，运用法律手段来惩治卖淫活动。其中有代表性的文件是1981年6月10日公安部发布的《关于坚决制止卖淫活动的通知》，之后几乎每年都会发布类似的文件，文件中将卖淫嫖娼和赌博等视为同种性质的活动放在一起处理，具体的处罚方式主

---

① 北京市公安局编著：《北京封闭妓院纪实》，中国和平出版社1998年版。

② 王书奴：《中国娼妓史》，上海三联书店1988年版，第316—318页。

③ 潘绥铭、黄盈盈：《性社会学》，中国人民大学出版社2011年版，第151页。

要有五种。[1] 其中第二种就是从毛泽东时代延续下来的社会运动的方式。由于老百姓对社会运动已开始厌倦，一系列针对卖淫嫖娼的运动只能通过政治动员，没有大规模的发动群众。具体的表现就是各省市政府对性工作人员活跃的场所不时进行的突击性的清查整顿。到1989年末，全国性的联手协同代替了地区性的运动，即所谓的多部门合作的社会治安“综合治理”，如中央综治办与公安部联合部署的对卖淫嫖娼的综合治理。[2] 由于种种原因，每次综合行动之后，卖淫嫖娼活动似乎都有所收敛，但是，不需多长时间，又会重新活跃起来，综合治理陷入屡禁不绝的绩效困局中。

尽管综合治理并不能取得满意的成效，但是以社会治理的思路取代一味禁止的思路，仍然是态度上的一种进步。至少，这意味着以消灭社会活力为代价的、国家权力渗透到社会生活每一处细节的时代不再重来。援交就是在这样的背景下出现的。通过下文的分析可以看到，虽然管理方式发生了改变，但是在治理话语中，援交者的处境和以往的卖淫者并没有本质区别，她们同是作为无法替自己发声的被叙述的客体存在。

二　理论视角：权力—他者

（一）女性主义与他者

他者的概念，源于作为西方文化的核心的二元对立结构，即在西方文化核心当中习惯作文化/自然、公共/私人、主观/客观、主体/客体、同化/认同、西方/东方等的区分。这种二元论把世

---

① 潘绥铭、黄盈盈：《性社会学》，中国人民大学出版社2011年版，第152页。

② 王书奴：《中国娼妓史》，上海三联书店1988年版，第372—377页。

界一分为二，一方拥有胜过另一方的权威地位，这意味着必须存在一个“他者”（the Other）。因此，“他者”是指不同于自我的他人或者不同于主体的客体。

从性别的角度来看，二元论隐含的内在性别特征是前者代表男性，后者代表女性，女性成为相对于主体的他者。的确，迄今为止的历史上，女性从来就没有作为一个强有力的主体存在过，关于女性的故事，多是由在社会中占有绝对优势地位的男性主体所建构的。所以，以消除性别歧视，实现两性平等和人的自由为己任的女性主义者必然会质疑这种传统等级制的二元对立的“暴力”，提倡建构女性的主体性（subjectivity）。但是，19 世纪末 20 世纪初第一波女性主义运动浪潮中诞生的女性主义者的价值观仍然依附于传统西方思想，没有挑战二元论。直到第二波女性主义运动开始兴起，其代表人物波伏娃（Simone de Beauovir）开始率先对二元论提出挑战。她在其享誉世界的名著《第二性》中针对主体/客体二元论，提出了“女人是他者”的命题，并且站在女性的立场上，以女性主义的独特身份和批判视角——他者，对“他者”本身的地位进行了探讨。她描绘了女性主义视角下的女性他者的形象特征内在性、异化状态、被动性、否定性和消极性……同时也说明了女性的历史也是他者的历史，在这历史进程中，女人作为一个整体被排斥在文明的门外，是次要者、“次等族类”。“他者”作为一种存在，是一种自在的存在，一种非本真的存在，一种丧失自我的存在。因为波伏娃的工作，“他者”成为女性质疑体制和反思自我时常用的核心概念。①

---

① 戴雪红：《他者与主体：女性主义视角》，《南京社会科学》2007 年第 6 期。

（二）他者是否可能被了解？

既然是“他者”，那么，他者是否可能拥有自己的语言和历史？我们可以通过什么方式来了解他者而不至于受强势话语的遮蔽成为权力的共谋？关于这个问题，存在着不同的看法。

1. 斯皮瓦克：不能言说的他者

印度裔美国女学者斯皮瓦克是一位著名的后殖民女性主义者。来自第三世界的后殖民国家的身份背景，让她尤其关注“贱民”或称“属下”（subaltern）① 等非主流文化与政治群体。同时，由于她深受解构主义大师德里达的影响而在论述中带有浓厚的解构主义色彩。

在斯皮瓦克 1985 年发表的后殖民女性主义批评的重要文本《属下能说话吗？》（*Can the Subaltern Speak?*）一文中，她提出了“底层群体不能说话”的著名论断。“在属下阶级主体被抹去的行动路线内，性别差异的踪迹被加倍地抹去了。……在殖民生产的语境中，如果属下没有历史、不能说话，那么，作为女性的属下就被更深地掩盖了。”② 因为，第三世界妇女是属下的属下、边缘的边缘，她们受到双重权力话语或文化霸权的压制，一是男性中心主义，二是白人中心主义。所以，“在父权制与帝国主义之间、主体构成与客体形成之间，妇女的形象消失了，不是消失在原始的虚无之中，而是消失在一种疯狂的往返穿梭之中，这就是

---

① 又译为底层、下属群体。

② ［美］加·查·斯皮瓦克：《属下能说话吗？》，罗钢、刘象愚主编：《后殖民主义文化理论》，中国社会科学出版社 1999 年版，第 125 页。

限于传统与现代化之间的‘第三世界妇女’错置的形象。”[①] 在殖民主义与男权主义的双重压制下，作为“他者”的属下妇女无疑成了哑言主体，不存在受种族与性别歧视的属下主体可以说话的空间，即“属下不能说话”。她以印度妇女的“撒提”（Sati）为例，寡妇殉夫在过去印度的历史著作中有两个句子来表现，一个是“白人正从褐色男人那里救出褐色女人”，这是白人殖民者的表述，另一个是“妇女实际想要死”，这是本土父权制的捍卫者的表述，而在这两种情形下属下妇女的声音都是无法听到的。

斯皮瓦克的结论，对于那些致力于复原底层群体历史和主体意识的研究者来说，无论在认识论还是政治层面无疑都是一种彻底的悲观论调，但从实际效果上来讲却也有助于研究者在实践中避免将底层群体浪漫化，摆脱充当代言人的自负。同时，这个论断也为底层研究开辟出一个新的论述空间，即如斯皮瓦克所说，以底层群体的自身条件去描述他们的生活的潜在可能性。[②]

2. 贺萧：透过权力机制发现他者

在斯皮瓦克看来，他者难以言说，因此对被压迫群体的知识的获得成为不可能。这成为把目光投向社会底层的学者必须面对的一个基本问题。后结构主义历史学家贺萧不完全同意斯皮瓦克过于悲观的“他者是不可知的”论说，即认为底层群体尤其是女性底层群体没有任何自主独立地叙述历史的可能性。一方面，她认为，“娼妓同其他所有下层群体一样，没有记载自己的生活，只有当人们对她们进行赞誉、谴责、统计其人数、进行监管、为

① ［美］加·查·斯皮瓦克：《属下能说话吗?》，罗钢、刘象愚主编：《后殖民主义文化理论》，中国社会科学出版社1999年版，第154页。

② 毕向阳：《他者的历史与身体的政治》，《社会学研究》2006年第2期。

她们治病、分析其病理、对世人发出警示、拯救她们、取缔娼妓业或者用她们作为社会象征，等等，只有在这种种情形下，娼妓才进入历史记载”。[①] “关于她们的资料已经完全嵌入了愉悦、改革和管理的话语中。”[②] 因此，不可能凭借这些资料，以任何直截了当的形式重构这些妇女的生活经验，但是，另一方面，运用后结构主义的话语分析方法，可以通过那些构建着底层群体历史的各种话语和叙事，从各种不协调的嘈杂话语的相互关系之中去识别底层群体发出的难以分辨的杂音或细语。[③] 在探讨近代上海娼妓业与现代性关系的史学著作《危险的愉悦》中，她便运用后结构主义，通过对各种档案和文本的深入挖掘建构起了20世纪的上海娼妓的历史。

贺萧所提示的，是一种容易被忽略的认识他者的方法，即积极地捕捉他者与权力面对的每一个瞬间。正如福柯所实践的对疯癫者、罪犯、性错乱者等边缘群体的研究，他正是通过对那些被压抑、被排斥、被遗忘的“沉默”者的考古学，来揭示现代社会如何通过种种排斥或规训的权力配置和话语实践，实现自我表达与统合，确立自我中心的价值和秩序。[④] 在《无名者的生活》中，他提出，捕捉这些没有历史的人群被掩盖的生命痕迹“……必须得有一束光，至少曾有一刻，照亮了他们。这束光来自另外的地方。这些生命本来想要身处暗夜，而且本来也应该留在那

---

① ［美］贺萧：《危险的愉悦：20世纪上海的娼妓问题与现代性》，韩敏中、盛宁译，江苏人民出版社2010年版，第3页。

② 同上书，第25页。

③ ［美］加·查·斯皮瓦克：《属下能说话吗？》，罗钢、刘象愚主编：《后殖民主义文化理论》，中国社会科学出版社1999年版，第125页。

④ 福柯：《规训与惩罚》，刘北成、杨远婴译，生活·读书·新知三联书店2005年版；《古典时代疯狂史》，林志明译，生活·读书·新知三联书店2005年版。

里。将它们从暗夜中解脱出来的正是它们与权力的一次遭遇：毫无疑问，如果没有这次撞击，对他们匆匆逝去的短暂的一生，不可能留下片纸只言……也正是这样的权力，催生了这些文字，然后让我们有机会窥见这些生命……”“所有这些生命，本应注定活在所有话语不及的底层”。[①] 于是，在权力与他者面对的那一瞬间，他者得以进入历史，为我们所看见。

三　援交女生：嵌入治理话语的“他者”

在S市这起事件中，原本处于社会边缘的援交女生经由司法机关的公布、网络媒体的报道和社会舆论的发酵进入了公众视野。通过辨析这些经过加工的、将事实与相关评判及分析糅合而成的文字，我们会发现，这些女生在公共领域中的形象多是出自权力机构和强势媒体的单向建构，在各种主流话语中出现的她们，没有完整地发出自己的声音，而是被用来引发对社会不良风气的感叹、对青少年及成人世界的道德观念的担忧、对家庭与社会在青少年教育问题上的失职的谴责，而这些言辞最终所服务的，仍然是以道德建设为主要内容的社会治理。[②]

（一）他者形象之一：失败的学校教育的牺牲品

由于参与和介绍卖淫者的身份多是中学生，司法机关的发言

---

① 福柯：《无名者的生活》，李猛译、王倪校，《社会理论论坛》总第6期。

② 相关文字都出自以下网站的报道：http://news.cn.yahoo.com/ypen/20111119/708745_1.html；http://news.ifeng.com/opinion/special/yuanjiao/detail_2011_11/23/10858271_0.shtml；http://dzh.mop.com/whbm/20111107/0/OOgOz8I2810 1c4Fz.shtml；http://news.ifeng.com/society/1/detail_2011_11/06/10451558_0.shtml；http://www.umiwi.com/2011/1108/47366_3.shtml.

人、媒体报道和相关评论都将援交出现的原因归结为学校这一重要的社会化机构中存在的教育问题。有对现有教育方式的反思，如“中国的教育大多以宣教为主，单纯地告诉他们应该做什么，不能做什么，缺乏心灵上的交流。此种方式对于处于青春叛逆期的少女们显然作用有限”。有对教育内容中道德教育缺失的反思，如“这件事给我们反映了道德教育的缺失，不管是自小的家庭教育，还是学校教育”。也有针对应试教育的弊病的，“现在的学校仍然按照固有的程式开展教育，对社会对学校、对学生的负面影响无动于衷，而且把应试教育搞得天花乱坠。学校和教师只关心学习成绩好的学生，而很少把一点时间和精力用于学习成绩差的学生身上（比如卖淫女生）”。“表现在学生身上的厌学、逃学、泡网吧、少女‘援交’等等都是应试教育的产物，而素质只牢固地生长在上级的文件里、学校和教师的总结与论文中，素质教育是一套，应试教育是另一套，什么法制教育、性教育等或者可有可无，或者缺乏实效性。”的确，尚在中学教育期间就开始进行性交易，是极容易让人将这些女生的行为与学校教育联系起来的。在这些报道中，援交女生的形象之一便是教育失责的牺牲品。

（二）他者形象之二：社会畸形价值观的接受者

卖淫者的中学生身份低龄化，卖淫的目的只是为“有更多零花钱”等字眼很容易触动人们的道德神经。值得一提的是，虽然那种针对个人的简单化的道德谴责依然存在，比如，“她们家境并不差，出卖青春只是因为爱慕虚荣，喜欢购物、享乐，而手头缺少零花钱。这并不需要互相逼迫，自己的身体赚取金钱，已经成为她们日常生活的一部分”，但是，这种将卖淫与个人道德缺失相联系的归因模式已逐渐被抛弃，取而代之的是从社会层面、从成人世界中存在的畸形价值观寻找原因。“孩子的精神世界，往往是大人世界的真实映照。反思当下社会，‘小三’理直气壮地存在，拜金主义泛滥成灾……尊严匮乏的社会，又如何能够让人自尊。自尊自爱，自重自强，成人的世界对于孩子除了只剩下这些口是心非的说教，还有什么？我们出卖尊严、出卖灵魂、出卖自由，留给孩子的或许是丰富的物质，但却只剩下一副空洞的精神躯壳。成人的世界精神荒芜和尊严丧失，正是引领着‘援交少女’踏入价值迷途的罪魁祸首。”这些语句无一不是借援交事件来控诉时下社会风气中存在的拜金主义，援交女生因此成了成人世界中社会畸形价值观的受害者。

（三）他者形象之三：社会管理漏洞的提醒者

援交事件也提醒了社会管理中存在的漏洞。这些漏洞主要体现在以下几个方面，一是快捷连锁酒店的管理上。“由于此类旅馆场所在管理方面存在严重漏洞，不实行严格的登记制度”，所以，无形中为援交的发生创造了条件。二是家庭和学校的管理。有报道质问，“她们是如何脱离管理的？”此处的管理，既指援交女生的家长对她们行动上的约束，也包括学校对学生的管理。尤其是在报道中提到一部分参与卖淫的女生来自于“职校”。职校没有根据学生的“特殊性”加强管理，也被认为是导致学生卖淫的原因之一。另外，在援交圈形成的过程中起着联络作用的社交网络，也被暗示是需要监管的领域。援交女生因此而成为社会管理漏洞的提醒者。

（四）他者形象之四：问题家庭的受害者

所有报道中，都特别提到了这些女生的家庭情况，如“涉案学生中有 1 人父母离异，1 人为领养子女，4 人母亲为‘外来媳’，3 人的父母对她们经常谩骂或过分溺爱”。尽管并未明确指出“离异”、“抱养”、“外来媳”或“教育方式失当”与援交之间存在必然联系，但这种刻意强调家庭情况的做法，事实上是在误导人们对援交事件的认识，似乎这些女生之所以援交，都与家庭有问题有关，她们或者是缺少家庭的关爱，或者是没有受到正确的家庭教导，总之，援交女生在此成为了问题家庭的受害者。

除上述形象之外，一些文本还将这些女生描述为欲望道路上的迷失者、外来腐朽文化的模仿者，等等。但这些形象实际上都是通过媒体、司法机构发言人和时评者的语言所建构起来的，它非常符合大众的想象，寄托了大众对社会的忧思，成为一种被虚构的真实。贺萧在研究近代上海娼妓业时也提到了指南书、街头小报等媒介在构建人们对娼妓的印象时所发挥的作用。她指出，这些媒介对她们形象的塑造，显得比行为本身更真实。它既塑造了实践，又改写了记忆，在公众和娼妓心目中制造了有关娼妓形象的思维定式。的确，在这起援交事件中，由各种话语所建构起来的援交女生的形象，是十分符合人们的想象习惯的，比如，她们一定是受到成人世界堕落的价值观的腐蚀，一定是缺少家庭关爱等等，才走上这条路的。但是，如果我们仔细分辨这些构建她们形象的话语来源，将会发现，这些话语都是来自于女生群体之外的权力机关和强势媒体，至于女生自己的声音，即便有也是相当微弱或是经过了筛选以配合主流报道。因此，这些形象并非来自具有话语权的主体的自我描述，而是来自强势话语的建构，是典型的“他者”形象。这些形象正契合了人们对当前不甚理想的社会风气的焦虑，并嵌入到以道德建设为主旨的社会治理话语中，成为治理绩效的组成部分。

四 如何维护未成年女性的利益

如前文所述，国家在惩治卖淫的策略上，经历了一个从“禁”到“治”的话语转变的过程。新中国成立之初，妓女被视为封建社会的遗毒得到彻底清除，80 年代后卖淫嫖娼又“死灰复燃”，被认为是外来腐朽文化和本土的封建残余共同孵化出来的丑恶现象，不论在哪一个阶段，从事性交易的女性都没有以完整的形象走进公众视野，而是以各种被叙述、被想象的“他者”形象嵌入社会运动之中。S 市援交事件中的主人公也是作为社会道德败坏的象征被编织进了社会治理的话语之中。如果只是止步于此，那么援交无非就只是一个引发感叹的新事件而已，如何切实维护未成年人的利益这个真正重要的问题则被搁置了。

笔者以为，关心未成年人的利益，首先要做的，就是去“理解”究竟在她们身上发生了什么，而不是带着猎奇之心去“想象”发生了什么。而要理解援交的发生原因，为什么这些女生会选择援交，援交对她们来说意味着什么，就不能不去聆听属于她们自己的声音。缺少当事人的诉说，是难以获得对援交的全景认识的。在这方面，已有研究者进行了尝试。

如有学者经过中间人的介绍，对西南某市 19 名从事援交的女生进行了半结构式访谈。访谈内容涉及援交的原因、第一次的经历、现在的感受及对未来的打算等多个方面。[①] 这种让援交女生能更多地表达真实想法的访谈形式呈现了单向度形象构建所无法呈现的援交者的其他面向。例如，这些女生虽然都是因为经济原因开始援交，但并非外界所猜测的那样都是物欲的奴隶。有的女生是因为经济困难，需要靠“兼职”来维持自己学习和生活的基本需求，有的甚至是为了帮助家庭偿还债务或支付医药费用。认为是受了拜金主义荼毒才选择援交的说法对有些女生来说并不公允。而且，从这一部分女生的想法中，还可以看到一个个渴望尽早独立、尽早社会化的主体形象，她们并非是简单的“错误教育方式的牺牲品”。她们也不全是“畸形价值观的接受者”，在大多数女生眼中，援交仍然是一件让她们羞愧的事。在 19 位受访者中，有 11 位用了“不光彩”来形容自己的行为。[②]

另外，有学者通过纵向维度“入圈考察”的方式，对两名行为性质带有援交色彩的女性做了长达数年的追踪研究。这种研究法要求研究者在研究对象的生活情境中理解、体验乃至感悟研究对象的心理及行为，从而达到“研究者基于对被访者生活与逻辑世界的了解与理解而实现的‘双方共同构建出来的真实’这一定性调查的最高境界”。因为，“不实实在在地‘设身处地’，仅只通过间接描述展开研究，‘访谈’所获很可能沦为研究者立于本人知识背景和价值立场的言说素材”。这一入圈考察的结果显示，援助交际的促成机理十分复杂，有家庭贫困、缺乏管教、崇尚消

① 童小军、赵静、朱晓宇：《青少年援助交际行为访谈报告》，《当代青年研究》2010 年第 9 期。

② 同上。

费这些“常规性成因”，也有家庭条件优越这种不太符合大众想象的“失足背景”，更可看到女性的“自立意识”在具体个案中与援交之间的关联。她们也可以妥善利用与男性的关系来改善自身的处境，寻求对自己有利的发展，表现出了与“受害者”形象不同的能动性。因此，仅仅依靠严打组织、介绍、容留卖淫等卖淫关联行为和严惩嫖宿幼女的客人的方式，是很难收到解决援交这一问题的实效的。[①] 这些数量有限的实证研究固然不能展现当前我国援交现象的全貌，但是确实呈现出了未成年人世界中不常为外人所见的另一面，为我们思考未成年人利益的保护方式开启了新的思路。

其次，由于援交者主要是未成年人中的女性，因此还需要引入性别视角来分析援交中存在的性别问题。当我们在使用援交这一从日本传入的词时，很容易将其与一般的卖淫区别开来，因为援交行为的双方似乎地位更为平等，援交者在此过程中也有一定的自主性。在对援交女生的访谈中，一些援交者也表达了援交不同于卖淫的观点。比如，这个过程中没有强迫，对性和身体有自己的支配权，可以自主选择喜欢的客人，等等。但是事实上，援交仍然是男性占据主宰地位的性交易行为，纵然援交者凭借学生身份或年龄优势可以有更多议价空间，这个空间仍然是由男性对处女或幼女的性趣味所决定的。援交的实质，不过是更为低龄化和隐蔽化的卖淫。对于卖淫，女性主义已有不少深刻的分析，男女两性经济地位上的不平等是卖淫得以存续的重要原因之一。对于我国改革开放以后出现的卖淫问题，很多研究指出其中的原因

---

① 赵军：《嫖宿幼女、援助交际的他面呈现——基于纵向维度“入圈考察”的个案研究》，《法学评论》2014 年第 2 期。

在心理、社会性关系和经济等几个层面。[①] 例如，在心理上，个体心理与社会群体的性行为是联系在一起的，卖淫的泛滥是改革引起的性道德观念失控的后果，比如挣钱的欲望，比如对性的态度的变化。在经济方面，经济变化过程中在就业、住房、教育等诸多领域的性别歧视，则是造成卖淫妇女人数激增的一个重要原因。而几乎所有的分析都指向社会性别问题，正是在中国当前环境下的男女两性地位的不对等，才决定了个人的心理、性行为以及经济变化引起的分化效应。

那么，援交这一新形式的卖淫行为，是否与两性经济地位的不平等有关，是否意味着女性上升空间的日益逼仄？换句话说，当女性提升自己经济地位的方式越有限，性的可交易性也就日益凸显，在某种程度上，援交女生是更为敏感地觉察到了自身性资本的可交换性和价值才选择了援交。所以，在另一个角度来看，这些自主选择性交易、得到一定程度的经济自由的女学生同时也是性别不平等和阶层冲突的牺牲品。假如这一推测成立，那么，随着经济压力的加剧和性问题上的日趋坦然开放，会有更多年轻女性加入到援交行列中也未可知，简单地进行道德教育或风气倡导不能解决任何问题。维护这些未成年女性的利益，仍需从结构上扭转性别不平等的局面入手。

---

① 贺萧：《危险的愉悦：20 世纪上海的娼妓问题与现代性》，韩敏中、盛宁译，江苏人民出版社 2010 年版，第 372—373 页。

第七章

嫖宿幼女罪取消之后的冷思考

2015年8月29日，十二届全国人大常委会第十六次会议经表决通过了《刑法修正案（九）》。此次刑法修改的重点之一便是取消嫖宿幼女罪，今后对此类行为一律适用《刑法》中关于奸淫幼女的“以强奸论，从重处罚”的规定。嫖宿幼女罪以最终被取消的方式平息了之前持续多年的争议。然而正如有关学者所指出的，罪名的取消并不意味着问题得到一劳永逸的解决，相反，还给刑法适用增加了一些新的难题。[①] 本章以嫖宿幼女罪演变历程为考察对象，围绕“幼女有无性自主能力”这一争讼焦点，展现法律在这一问题上的态度转变，分析态度转变后交织的影响力量，并逐渐呈现其中暴露的问题，如幼女性自主能力问题上的立场缺失、精英观点与民间意见的沟通不畅、多种法益并重时的选择困境，等等。这也意味着嫖宿幼女罪的争议不应仅仅只是作为一个法学内部的问题来处置，它所反映的乃是社会急剧变迁背景下法治建设中的一些具有典型性的问题，这些问题不应随着罪名

① 车浩：《嫖宿幼女罪，五枪为你送行》，见 http：//mt. sohu. com/20150903/n420368738. shtml.

取消所带来的公众关注的淡化而被掩盖或回避。

一　法律在幼女性自主能力问题上的态度转变

正如我们所注意到的，在嫖宿幼女罪的存废之争中，幼女性自主能力的有无以及嫖宿幼女罪与强奸罪的关系，是多方争议的焦点所在。在嫖宿幼女罪从无到有再至取消这个过程中，我们可以看到，从1979年《刑法》到2015年《刑法修正案》，法律在幼女性自主能力这一问题上实则经历了几次态度上的转变。

（一）1979年《刑法》中的幼女：无性自主能力的强奸受害者

在新中国成立后制定的第一部《刑法》（1979）中，并没有嫖宿幼女罪。该法第139条第2款明确规定："奸淫不满十四周岁幼女的，以强奸论，从重处罚。"也就是说，男性与未满十四周岁的女性发生性行为，无论对方是否为"卖淫幼女"，都以强奸罪论处。在此罪中，幼女是作为无性自主能力的强奸受害者形象存在的。

"嫖宿"一词出现在之后的《治安管理处罚条例》与《关于严禁卖淫嫖娼的决定》中。这意味着法律已开始将男子与十四岁以下女性发生的性行为根据幼女的个人情况做了区分，同时也表明当时的立法者对有幼女参与卖淫的事实给予了隐晦承认。"卖淫幼女"随"嫖宿"一词的出现而在法律上与一般幼女区别开来。但是在这个时期，男子的行为按照法律规定，依然按强奸论处，幼女在法律上并未被区别对待。

（二）1997年《刑法》中的幼女：一部分是有性自主能力的“嫖宿对象”

1997年立法机关在修改刑法时，将《关于严禁卖淫嫖娼的决定》中的上述特别刑法吸收进了刑法典。原1979年《刑法》中的强奸罪列在1997年《刑法》第236条，其中第2款是“奸淫不满十四周岁的幼女的，以强奸论，从重处罚”。同时，《刑法》在第360条第二款又规定：“嫖宿不满十四周岁的幼女的，处五年以上有期徒刑，并处罚金。”“嫖宿幼女”这一特殊形式的强奸罪自此从强奸罪中脱离，形成了独立的“嫖宿幼女罪”。

嫖宿幼女罪的独立成罪说明1997年《刑法》已正式将幼女做了区分，一类是卖淫幼女或有性交易的幼女，这类幼女是有性自主能力的，与这类幼女发生性关系，构成嫖宿幼女罪。由于嫖宿幼女罪列在妨碍社会管理秩序类罪下，这里的幼女还与“嫖”方一道，共同属于对社会管理秩序有妨碍的人群。另一类是所谓的“良家幼女”，与这类幼女发生性关系的以强奸论，从重处罚，幼女也依然是无性自主能力的强奸受害者。

（三）2015年《刑法修正案》中的幼女：无性自主能力的强奸受害者

2015年8月，在经过了长达数年的争议之后，在《刑法修正案（九）》中，嫖宿幼女罪终于被取消，同类行为仍以强奸论并从重处罚，幼女在刑法中的形象又成为没有区别的整体，都是作为强奸受害者。所有幼女的性权利受到法律的平等保护。

法律态度的转变值得深究。为什么幼女的性自主能力会在不同阶段得到法律的不同言说？法律语言与某一社会事实的对应性以及二者关系的稳定性，也是法律尊严的体现。对同一个社会事实，法律在不同阶段做出不同的，甚至是相互矛盾的回应，意味着可能有诸多复杂因素介入了法律制定过程并影响了法律对同一社会事实的认定，下文中我们对法律态度转变的影响因素试作分析。转变发生在两个时期，一是嫖宿幼女罪从无到有的1997年，二是嫖宿幼女罪被取消的2015年。法律态度转变的影响因素当然很多，本文侧重的是影响因素中相对具体而确切的部分。

二　法律态度转变的影响因素分析

（一）立法者在幼女性自主能力问题上的态度

1979年《刑法》中没有设立嫖宿幼女罪，“嫖宿”一词出现在之后的《治安管理处罚条例》与《关于严禁卖淫嫖娼的决定》中，但对同类行为仍然按“强奸”治罪。那么，为什么1997年刑法会增设有关嫖宿幼女的条文？我们可以根据立法者的回忆，结合记录了立法原意的有关文献，在立法层面给出一个答案——立法者在幼女性自主能力问题上的态度是法律修改的影响因素之一。

据参与修订工作的刑法学家高铭暄教授回忆，[①] 当时立法机关曾将上述规定（嫖宿按强奸论处）直接移植进1996年8月8日的刑法分则修改草稿及之后的一些稿本中，直至1996年12月

① 参考《嫖宿幼女罪，被指“恶法”有点冤》，《南方周末》2012年6月15日。

中旬的草案，也仅有用语的微调。到了 1997 年 3 月 1 日，八届全国人大五次会议秘书处印发的刑法修订草案中，嫖宿幼女仍然是按强奸罪定罪。十二天之后，情况发生改变。[①] 1997 年 3 月 13 日，大会主席团通过的草案将嫖宿幼女单独定罪。3 月 14 日下午，全国人大通过的刑法修订案第 360 条第 2 款中正式出现有关嫖宿幼女罪的条文。

全国人大常委会法工委刑法室 1997 年编著的《中华人民共和国刑法释义》中有关于此罪立法原意的有限阐释。这些有限阐释可归纳为如下几种观点。一种观点是认为设立嫖宿幼女罪是出于严惩嫖宿幼女的需要。嫖宿幼女的行为，“极大地损害幼女的身心健康和正常发育”，增设罪名是为了“严厉打击嫖宿幼女的行为”。[②] 而所谓的“严惩”主要体现在将“嫖宿幼女罪”单独成罪、起刑点就是“刑法上较为少见的 5 年”上，因为抢劫罪、故意杀人罪的起刑点都是 3 年。第二种观点是，从犯罪构成的角度来看，嫖宿幼女罪和强奸罪两个罪毕竟有不同，有必要对强奸和嫖宿作区分。这是因为 1997 年之前，实践中出现了一些个案，一些不满 14 岁的幼女发育比较成熟，自己也谎报年龄，且属于自愿行为，将这类案子视为“强奸”，在法律制定者看来有不妥之处。陈兴良教授主编的《罪名指南》中也提到，1997 年《刑

① 情况突变的原因细节，目前无从得知。

② “立法释义：第三百六十条：本条第二款是关于嫖宿不满十四岁幼女的犯罪和处罚的规定。嫖宿幼女的行为，极大地损害幼女的身心健康和正常发育，且对幼女的思想具有极大的腐蚀作用，使有不良习性的幼女在卖淫泥潭中越陷越深，有的幼女被染上性病贻害终生。为了严厉打击嫖宿幼女的行为，本款将嫖宿不满十四岁的幼女的行为规定为犯罪。根据本款的规定，行为人只要实施了嫖宿幼女的行为，无论嫖客是否明知嫖宿对象是幼女，均构成本罪，处五年以上有期徒刑，并处罚金。”见全国人大常委会法工委刑法室编著《中华人民共和国刑法释义》，法律出版社 1997 年版。

法》修改讨论中，有学者提出将嫖宿幼女的行为单独规定为犯罪。强奸罪设在“侵犯公民人身权利、民主权利罪”一类，嫖宿幼女罪设在“妨害社会管理秩序罪”一类。这表明了刑法所要保护的是不同的法益，对此，刑法学界大多数是赞成的。第三种推理是，将嫖宿幼女罪从强奸罪中单列出来是为了减少死刑。因为1997刑法修订时，减少死刑是重要主题之一。此前将嫖宿幼女以强奸罪论处，最高可判死刑，实际司法实践中，嫖宿幼女行为判死刑的也不多，将其单独成罪，不再挂死刑，可减少刑法中的死刑。①

不排除可能还有其他因素使得“情况发生改变”，但《刑法释义》中所提到的立法原意应当也在“情况发生改变”中扮演了重要角色。仔细分析上述观点，可以发现，当时的立法者们在幼女性自主能力问题上显示出了一种与国际社会儿童保护潮流不同的态度。因为国际社会对于儿童实施无差别的全面保护，不认可儿童的性自主能力，但在上述观点中，无论是“为了体现对嫖宿幼女行为的严惩”还是认为“强奸与嫖宿具有不同的犯罪构成”的说法，都隐含了一个相同的认知，即十四周岁以下的幼女中有一部分是有性自主能力的。“为了体现对嫖宿幼女行为的严惩”这一说法本身就认为幼女是嫖的对象，是自愿发生性行为的；认为“强奸与嫖宿具有不同的犯罪构成”的观点，则更是强调了被“嫖宿”幼女与被“强奸”幼女的不同，前者对性行为是自愿的，后者则是缺乏意思表示的能力。至于减少死刑的说法，其实也略显牵强，力主废除嫖宿幼女罪的学者对这些观点多

① 参考《嫖宿幼女罪，被指“恶法”有点冤》，《南方周末》2012年6月15日。

有驳斥[①]，此处不再赘述。值得重视的是立法者在幼女性自主能力问题上的立场与下文中谈到的普通民众的认识存在一定距离，民间对嫖宿幼女罪的质疑也因此而起。

（二）网络舆情的激烈反对

2015 年《刑法修正案（九）》在嫖宿幼女罪问题上发生态度转变，与对该罪持激烈反对态度的网络舆情不无关系。之所以这样认为，是因为我们可以观察到，1997 年《刑法》出台之后，刑法学界关于嫖宿幼女罪的存废就有过学术争论，当时刑法学界主流态度是在刑法尚未修改或不宜轻易修改的前提下，通过对刑法条文进行合理解释来解决司法中出现的罪名争议，即以多种解释方案来抚平法律中的“褶皱”。[②] 这类学界内部的讨论并没有持续太久也没有超出专业圈进入公共领域。2000 年之后，嫖宿幼女罪重新又开始得到关注，而且关注人群由学者扩展至普通民众。其中一个背景便是大量性侵案[③]在新媒体——网络上的曝光，民众借由网络这一并无专业门槛的公共平台对案件表达看法、释放情绪，并逐渐将攻击的矛头指向了嫖宿幼女罪。根据新闻与传播领域的研究，1999—2000 年也正是我国互联网发展的第一次高峰。[④] 这与对性侵案、嫖宿幼女罪的网络热议在时间上具有一

---

① 见屈学武《关于取消嫖宿幼女罪的立法反思》，《法治研究》2012 年第 8 期；张荣丽：《“嫖宿幼女罪”存废论——基于儿童优先和非歧视原则的分析》，《妇女研究论丛》2013 年第 1 期；孙晓梅：《废除“嫖宿幼女罪”的研究综述》，《中华女子学院学报》2013 年第 3 期，等。

② 屈学武：《关于取消嫖宿幼女罪的立法反思》，《法治研究》2012 年第 8 期。

③ “性侵”一词目前在我国并非具有明确内涵的法律术语，意指一切违背他人意志的性行为。强奸和嫖宿幼女都可称为“性侵”。

④ 钟瑛：《我国互联网发展现状及其竞争格局》，《新闻与传播研究》2006 年第 4 期。

定的吻合性。

和学界的理性态度不同，网络舆情对嫖宿幼女罪多持激烈否定态度，之所以如此，应与下述原因有关。

1. 罪名表述上的道德冒犯

“嫖宿幼女罪”一词对习惯从直觉经验来理解问题的普通民众可能构成道德冒犯。因为“嫖”通常被认为是男子的买性行为，行为双方对行为性质、后果及意义有相同程度的认识。当“嫖”的对象不是拥有性自主能力的成年人，而是通常被认为在生理与心理上对性行为还没有充足准备的不满十四岁的幼女时，两人之间的性行为就突破了常人的道德与伦理底线，很难让普通民众相信这仍是基于双方自愿的“嫖”。朴素的弱者关怀和育有女儿者下意识的代入感，都会使他们更倾向将这一行为认定为对不能真实表意的幼女一方的性侵害。既然如此，那么将幼女视为具有性自主能力的个体而设置的“嫖宿幼女罪”，仅从罪名表述或字词组合方式上就易激起大众的反感，对嫖宿幼女与强奸两罪在犯罪构成上的区别并无了解的普通民众很容易因为直觉上的不适产生对罪名的排斥，并进而成为网络舆情中的主流。

2. 性侵案的象征意义

嫖宿幼女罪的民间讨论也与媒体对一系列性侵案的曝光紧密联系在一起，如2009年贵州习水、2011年陕西略阳、2012年河南永城、2012年浙江永康、2013年海南万宁的性侵案等。需要注意的是，在这些案例中，交织着男与女、官与民、强与弱等多重不对等的权力关系，而近些年来社会不公正事件的频发本就使民众对特权者的怨愤高涨，性侵案中地位明显不对等的双方极易让人产生对幼女的同命式的共鸣，对权贵的愤恨则投射到了男性一方。这也是为什么相比较其他同样引起社会关注的案例，性侵案更容易得到持久关注的原因。它在网络世界的言谈中被不断引述，既是正义感的民间表达，也是民众通过对受害者的关注而完成对自身的弱者身份的确认。况且，法律中还设立了带死刑的强奸罪。尽管从刑法专业角度来看，嫖宿幼女罪的起刑点就是较高的五年，这已经表明对这类行为的严惩态度，但是，由于死刑在一般民众眼里更具有威吓、震慑和惩罚作用，没有设立死刑的嫖宿幼女罪，很自然地成为一部分对立法和司法缺乏信任的民众眼中放纵罪犯的“免死金牌”。①

暂且不论网络上的议事者究竟出于何种原因，基于何种心态作出此种猜测，仅从总体来看，对于法律上将幼女区别对待和将卖淫幼女视为有性自主能力者的做法，网络舆情呈现出普遍的否定态度。承认幼女的性自主能力等于是对幼女的污名，这也是主张废除嫖宿幼女罪者经常使用的理由之一。② 至此，我们也可看

① 这是民意的推理逻辑。有研究者也指出嫖宿幼女罪的设立助长了“嫖宿幼女”行为，理由是，这一罪名的设立与嫖宿幼女行为增长在时间上具有同步性，如，根据全国妇联的来信来访统计，嫖宿幼女罪出台后前三年全国各地投诉“儿童性侵案”的个案为：1997 年下半年 135 件，1998 年 2948 件，1999 年 3619 件，2000 年 3081 件，3 年间猛增了 20 多倍。嫖宿幼女罪与性侵女童罪行之间呈正相关关系。见周永坤《嫖宿幼女罪之法理学与法社会学思考》，《暨南学报》（哲学社会科学版）2014 年第 10 期。但是笔者认为，呈正相关的两个因素未必具有因果关系，嫖宿幼女罪的设立与性侵案的高发之间的因果关系假设还需要进一步验证，需要对立法和司法各自在其中的影响，以及立法对司法的影响作进一步的分析。

② 主张废除者的重要理由之一即是嫖宿幼女罪“污名化幼女”。笔者认为对于“污名”一词本身需要再作分辨。在各种反对观点中，笔者发现“污名”包括了这几种意思。一种是认为，幼女都是没有性自主的，将没有性自主的幼女视为有性自主，这是对幼女的污名。这其中隐藏的其实是对“性”的污名。第二种是认为，这些性侵中的受害人，明明是“良家女孩”，却因为嫖宿幼女罪的罪名而成为“嫖”所对应的“妓”，“良家女孩”成为“妓”，这意味着一种“污名”。需要注意的是，后一意义上的“污名”，其实更像是对“卖淫”者的“污名”，是以保护之名，以“性自主”的有无来区隔幼女。以污名之说，主张废除嫖宿幼女罪，改为强奸罪，客观上达到了对幼女统一保护的效果，但是倘若潜在的本意不过是为了保护“良家幼女”免予卖淫之名，那么，卖淫场所中的幼女至少在观念上已经被放弃保护了。

到舆论在议事重点上的某种偏移，即更看重一个罪名的威慑力和体现出来的性观念，而不是它实际上的惩罚效果。舆论对于嫖宿幼女罪最后的废除究竟以何种形式，产生了怎样的影响，有待进一步研究。因为我们看到，在《刑法修正案（九）》的修改过程中，从征询意见到进入修法程序，舆论始终伴随其间，但是废除嫖宿幼女罪的提案并没有进入一审和二审，最终却出现在三审中并一次通过。这说明显然不止"舆论"这一层力量在整个过程中起作用。不管怎样，舆论仍然是立法者无法不考虑的因素，特别是当罪名的存在激发起了社会的普遍反感的时候。有关嫖宿幼女罪的条文于是在2015年刑法修订过程中被取消。

三　嫖宿幼女罪取消之后依然存在的问题

通过对法律态度改变的影响因素的分析，可以发现，嫖宿幼女罪的争议实际上已不是、也不应该只是一个法学界内部讨论的问题。嫖宿幼女罪的争议成为了社会矛盾的凝聚场，也征示着精英与民众的分化，反映出在幼女性自主能力问题上的莫衷一是。这些问题并不会因为嫖宿幼女罪的取消而得到解决，相反，嫖宿幼女罪的取消还在某种程度上阻断了对这些问题的继续探讨。

（一）如何认识幼女的性自主能力

首当其冲的，是幼女究竟有无性自主能力。之前的分析显示，1997年《刑法》的部分立法者和一些主张保留嫖宿幼女罪的学者，对此持认可态度，主张废除嫖宿幼女罪者则更多持否定态度。性自主能力的有无成为了嫖宿幼女罪存废过程中一个争议性问题。可以发现，在幼女性自主能力上的争议表现出三个特点，第一个特点是，整个过程基本是持不同观点者在基于自身认知和立场在发声，没有听到来自幼女自身的声音，而后者才是与此罪有最大利害关系的群体。第二个特点是，很多观点之间的所谓冲突，并非真正意义上的、同一个层面的观点之争。为嫖宿幼女罪作合理性论证的刑法学者，多是从事实出发来捍卫犯罪构成理论，强调要区分强奸罪与嫖宿幼女罪，因为现实中确实“存在一些幼女发育成熟、谎报年龄、对性行为是自愿的”。主张废除嫖宿幼女罪者，则更多是从朴素道德感出发，难以接受幼女有性自主能力的说法，这显然不是在对事实进行探讨，而是一个带有明显价值判断的主观认识。第三个特点是，这些相互抵触的看法实则共有一个目标，那就是多方都声称的“为了保护幼女”。否定性自主能力的是为了保护幼女，肯定幼女性自主能力的也自称是通过打击嫖宿行为来保护幼女。更为极端的“肯定说”还认为，真正的保护应该是成人和儿童的同等对待，肯定儿童的性权利，避免出现保护之名下的儿童控制。

笔者认为，在幼女的性自主能力问题上，当然可以对幼女群体进行心理及生理层面的研究，同时也辅以口述访谈，让幼女以主体的形式表达其真实的欲望，这可以作为一个纯粹的、无关社会因素的事实问题，在不断的研究中拓展我们对想象中的“他者”的认识。有理由相信，十四周岁以下幼女这个庞大的群体在性认知和性态度上必定呈现各种差异。但是，该如何认识成年男子与幼女之间发生的性行为？这已不再是一个真空状态下的事实探求问题，而是一个必然蕴含了价值观的认识论问题。不同时代、不同社会形态里，人们对这一事实可能有不同认识，比如在平均寿命比现代人要短的古代社会里，或在依然容许童婚、雏妓制度存在的社会里，成年男子与十四岁以下幼女发生性行为并不违法。但在今天，绝大多数国家的法律都认为儿童在性行为上意思表示不能，出于对儿童权益的特殊保护，这些国家都在法律上给予与十四周岁以下女性发生性行为的人以法律上的否定评价，无论该男子是出于何种目的、采用何种手段、是否给付金钱。以联合国为代表的国际社会通行的观点也是对儿童给予无差别的全面保护，严厉打击针对儿童的性犯罪。作出这样的规定并不是基于某一部分人的见解，而是基于当前社会在权利观、道德观上的发展程度，其中也包含了利弊的权衡和利益的选择。这样的规定可能会牺牲所谓的幼女的性愉悦或者令某些成年男性感觉无辜，但法律本身就是一种态度的宣告，它必须是立场清晰的。

（二）精英观点与民间意见如何沟通?

嫖宿幼女罪的废除经过呈现了民意对立法的影响，这方面已有众多研究涉及。本文在此要论及的，是与此相关的一个问题，即精英观点如何与民间意见沟通。在嫖宿幼女罪的争议过程中，主流刑法学坚守解释论的本位，认为刑法不能随意修改，不能受到民意的绑架，学者即使冒着被攻击的风险也要为案件的定罪做合理化论证。① 但是很难确定有多少未受过法学教育的普通民众能真正理解刑法学界的法言法语，如想象竞合、法条竞合等。刑法精英的观点必然遭遇并不具备法学理论知识和逻辑训练，多依据直观感受来判断是非对错的普通民众的质疑。随着性侵害案件

---

① 如陈兴良教授在习水嫖宿幼女案中出具的专家意见《从习水嫖宿案看司法逻辑与个案公正》（《贵州日报》2009 年 7 月 27 日）。

越来越多地被曝光，未设死刑的嫖宿幼女罪会成为某些人的保护伞的担忧“似乎”也被证实，民众因此更加确信，嫖宿幼女罪的罪名设置就是案件增多的原因之一。专业分析与公众认知之间出现裂痕，法言法语无法与外界对话。

精英学者对于民间意见该持何种态度？历史上，知识人阶层中对于公众意见的缺陷评论甚多，例如奥尔特加·加赛特通过分析公众逐渐取代社会精英在欧洲社会中占据支配地位的过程，指出了公众主导社会生活具有危险性。由于公众缺乏必要的政治训练和理性涵养，“大众的反叛”带来的结果可能是文化的危机。[①] 对公众意见持最极端的否定态度的，恐怕是法国大革命时期的作家尚福尔。他曾说，公众舆论是所有观点之中最糟糕的一种。公众舆论的缺陷，究其原因，在于公众不愿意将自己的观点交由理性分析进行推敲，而是将自己的观点建立在直觉、感情和习俗之上。我们可以肯定地说，任何一种被普遍持有的观点，任何一种被普遍接受的思想，都将是极其愚蠢的。[②] 这也的确构成亚里士多德、托克维尔、密尔等人对民主（政体）保持戒备的原因之一。历史上同样不乏强调公众舆论对于法律之重要性的论点，如美国废奴运动领袖菲利普斯一句流传已久的名言即为：若是没有公众舆论的支持，法律是丝毫没有力量的。

在网络普及带动议事民主化的时代，从法学专业立场绝对地排斥公众对于司法裁判的评论性参与并对公众的意见充耳不闻的做法已难获正当性。完全放弃专业立场、彻底屈从于公众舆论的

① ［西］奥尔特加·加赛特：《大众的反叛》，刘训练、佟德志译，吉林人民出版社2004年版。

② 转引自［英］阿兰·德波顿《身份的焦虑》，陈广兴、南治国译，上海译文出版社2007年版，第115页。

做法则不仅是对法的背叛，也有成为主观随意性极大的多数意见“暴力”之奴隶的可能性。而且，在传媒力量日益膨胀的今天，“谁控制了媒体，谁就控制了民意”已几乎成为现实。专业理性的精英观点和质朴感性的民间意见如何沟通对话？如何在民众中建立起对法学家的信任？嫖宿幼女罪存废之争所呈现的民主化浪潮之下哈贝马斯式的“商谈”问题在罪名废除之后仍将继续存在。

（三）如何在两种法益并重时作出选择？

嫖宿幼女罪之争，也是刑法都要予以保护的两种法益之争。嫖宿幼女罪出现之前，所有与幼女发生性行为的都视为奸淫幼女，以强奸论处。这表明刑法倾向于对未成年人的法益保护。嫖宿幼女罪的出现，意味着一种导向上的改变，从对未成年人统一保护变为优先考虑社会法益。因为按照刑法条文，强奸罪被归入侵犯公民人身权利、民主权利罪一章，保护的是女性的人身权利，属女性的个人法益；嫖宿幼女罪则被归入妨害社会管理秩序罪一章，法益保护的侧重点是社会管理秩序而非幼女的性权利和身心健康，两种法益并重时，优先考虑的是社会法益而非幼女的个人法益，而且在这个罪名中，幼女是嫖的对象——妓的形象，是共同作为该罪所保护的社会管理秩序的妨碍者的形象而存在。从儿童视角审视分析这样的法益保护逻辑，显然是犯了重社会法益轻幼女个人法益、重“普通幼女”法益轻“卖淫幼女”法益的错误，漠视幼女的性利益和身心健康。① 删除该罪，对同类行

① 周永坤：《嫖宿幼女罪之法理学与法社会学思考》，《暨南学报》（哲学社会科学版）2014年第10期。

为以强奸认定，则是重新体现了对公民（幼女）的人身权利的保护，是立法者权衡两种法益之后做出的选择。但是法律在嫖宿幼女罪上的态度反复则说明，在法益日臻细化并且都有被保护的必要性的现代法理社会中，如何理解各种法益的重要性并基于法律的根本性价值追求在不同法益中做出取舍，并非易事。

第八章

比较视角下的我国同性恋婚姻权问题

一　问题的提出

2015 年当地时间 6 月 26 日上午，美国联邦最高法院以 5∶4 的票数，在奥博法尔诉霍奇斯（*Obergefell v. Hodges*）案中作出判决，裁定各州禁止同性婚姻的法律违反宪法，应予废除。这一结果意味着同性婚姻在全美 50 个州全部合法，美国也因此成为全球第 21 个在全境承认同性婚姻的国家。网络时代，消息第一时间传到大洋彼岸的中国，微信微博毫无意外地被这条消息及相关讨论刷屏。讨论来自不同社群，调子各不相同：感性欢呼庆贺者有之，高冷学术范条分缕析个中宪政问题者有之；认为同性恋运动取得胜利者有之，担心运动就此画上句号者亦有之。可谓亚美利坚一颗炸弹，炸出五光十色各种观点。

在我国，同性恋研究的开拓者之一、学者李银河从 2003 年开始，多次通过人大或政协递交同性婚姻合法化的提案。同性恋者也采取到民政部门申请结婚或是高调举行婚礼的形式主张结婚的权利。这些行为经媒体报道之后，确实引起了社会对同性恋者婚姻需求的关注。但是，无论从提案接收者的反应、学界的看法，还是从公众对同性婚姻的态度来看，同性婚姻在中国依然显得遥远。①

值得注意的是，在20世纪60年代之前，美国法律还将成人间私下的同性恋接触认定为犯罪；在21世纪初，还只有马萨诸塞这一个州认可同性婚姻；在2012年的一项民意调查中，还有约43%的人反对同性婚姻；在2015年联邦最高法院裁定同性婚姻在全境合法之前，尚有十几个州并不认可同性婚姻。相反，在古代中国，虽然不同朝代的同性恋者处境各有不同，但在整体上，社会对待同性恋者的态度比较宽容。现代以来，同性恋虽然也有可能在刑法上被认为是犯罪，精神病学也曾将其划为精神病的一种，但科学理性最终战胜人为谬误，同性恋在中国已被非罪化和去病化。社会学调查还显示，中国人对同性恋的接受度比美国人要高很多，看法上也没有出现两极化的对立。②

两相对照，一个问题显现出来，为什么在美国这样一个有着较长的抵制同性恋的宗教传统、社会公众对同性婚姻接受度也并不是很高的国度，在较短的时间内就实现了同性婚姻上的历史性跨越，但在中国这样一个对同性恋颇为宽容的国度里，同性婚姻却遭遇了无形阻力？本章通过中美比较试图说明，同性婚姻问题牵涉一个国家深层的历史文化传统以及政治结构，无法完全套用某一国的经验来达成同性婚姻的目标。中国具有区别于美国的同

① 郭晓飞：《中国法视野下的同性恋》，知识产权出版社2007年版，第231—234页。

② 李银河：《公众对同性恋的态度及影响因素》，《华南师范大学学报》（社会科学版）2013年第6期。

性恋发展历史，也具有完全不同的政治结构，同性婚姻所遇到的阻力也将是中国式的。这并不意味着我们要反对同性婚姻，而是说，我们也可以根据已有的脉络与经验，探索一条属于中国的同性恋解放之路。

二　美国同性婚姻合法化走过的道路

美国同性婚姻合法化并非一蹴而就。在经历了同性恋被视为变态、畸形、犯罪，到逐渐去罪化、去病化的过程之后，同性婚姻合法化才进入议事日程。在此过程中，同性恋权利运动、司法诉讼、美国政党政治也交织其中，扮演了推动同性婚姻合法化的重要角色。

（一）同性恋权利运动与同性恋的去罪化

在很长一段时间内，同性恋在美国都被视为一种犯罪。直到现代，很多州还明确规定，同性恋是一种必须受到法律制裁的病态行为，其中大多数州还根据所谓“心理变态的性行为”和“寻求刺激的性行为”这两种程度不同、性质相异的罪名，对有同性性行为者分别处以不同的刑罚。至于那些没有对同性恋作出法律制裁规定的其他州，也以猥亵、勾引违反天性的交媾、流浪、在公共厕所里逗留、作淫媒、向同性出卖色相等罪名，将被告发的同性恋者送往监狱或矫正感化院等场所。[1] 法律规定背后则是社会广泛存在的对同性恋者的歧视与偏见。

---

① 谈大正：《性文化与法》，上海人民出版社 1999 年版，第 315 页。

作为对这种歧视与偏见的回应，第二次世界大战之后，同性恋群体借着民权运动的影响，开始在社会中为自己发声。社会学者里卡塔曾在《同性恋权利运动：美国历史一个被忽略的领域》一文中回顾以欧洲为源头的美国同性恋权利运动史，并将其概括为八个阶段，其中第六个阶段就是：20 世纪 60 年代，将民权运动引向同性恋运动的时期。[①] 20 世纪 50—60 年代，美国的同性恋社区不断发展，同性恋酒吧开始普及，同性恋身份认同逐渐加深，同性恋者也开始对他们的社会流浪者和犯罪者的地位日益不满。发生在 1969 年的石墙骚乱成为现代同性恋运动的出发点，在这次事件中，同性恋者开始抗拒警察对他们的抓捕，同时也开始在政治上组织起来，积极捍卫自己的权利。到 1969 年底，美国成立了 50 个同性恋组织。

同性恋权利组织也对各州议会、学校、大众媒体和教会施加政治压力，推动不少州议会废除了许多规范性关系的法律。[②] 其中具有标志性的是 1961 年的伊利诺伊州的刑法修改：成年人之间私下的同性恋接触不再算作犯罪。之后，又有四个州也制定了同样的法律，迈开了美国的同性恋“非罪化”的步伐。20 世纪 70 年代，有 20 个左右的州，包括加利福尼亚州和俄亥俄州，在法典中废除了鸡奸法。在同性恋权利运动影响下，美国社会对同性恋者的态度也在发生变化。根据 1976 年的一次民调，73% 的人认为同性恋者是社会歧视的牺牲品，85% 的人认为同性恋者应该享有同等的工作权利。法律上的去罪化和民众接受度的提高为同性婚姻合法化铺就了道路。

---

① 李银河：《中国人的性爱与婚姻》，中国友谊出版公司 2002 年版，第 197 页。

② 张业亮：《同性婚姻问题与美国政治》，《美国研究》2012 年第 2 期。

（二）同性恋权利运动与法律的互动

以社会运动推动法律变革，通过法律途径来争取权利，已成为美国法律与社会关系发展过程中的基本规律。美国同性婚姻合法化的过程，也是美国同性恋运动与法律深层互动的过程。

美国历史上有过这样几例与同性婚姻有关的标志性诉讼。首先是 1993 年夏威夷州最高法院对“巴赫诉列文”案做出的裁决，该裁决引发了全美对同性婚姻合法化的争论。同性婚姻首次作为美国的一个全国性议题出现。该案裁定，夏威夷州拒绝向三对同性伴侣发放结婚证是基于性别基础上的歧视，违反了该州宪法平等权条款，除非该州能表明不得不拒绝的理由。这个裁决是美国第一个质疑把同性恋排除在婚姻之外的做法的合法性的裁决。尽管在保守派反对下，同性婚姻没有合法化，但一些州开始往承认同性伴侣权利方面迈出步伐，也算是有所改变。

2003 年联邦最高法院的“劳伦斯诉得克萨斯”案的裁决也很有意义，该案的意义在于，它推翻了 1986 年联邦最高法院对“鲍沃斯诉哈德韦克”案的裁决，该裁决由于不承认隐私权包括同性性行为，因而被认为是对承认同性恋者结婚权的最严重的障碍。劳伦斯案的裁决中，同性恋者被认为拥有“根据合适程序条款不受政府干预而从事（亲密）行为的完全权利的自由”。这一裁决不仅使当时仅存的 13 个州的鸡奸法违宪，从而把隐私权扩大到同性恋者，而且它通过为同性恋者权利提供宪法框架，改变了同性婚姻合法化的前景，使美国社会继续禁止同性婚姻变得困难，于是成为了促进同性恋权利的一个具有里程碑意义的裁决。另外，2003 年 11 月马萨诸塞州最高司法法院对“古德里奇诉马萨诸塞州公共卫生部”一案做出裁决，以 4 比 3 的投票，裁决同性婚姻是受州宪法保护的一项民事权利，要求州议会通过给予同性恋婚姻完全权利的法律。2004 年马萨诸塞州批准同性婚姻合法化，成为美国第一个承认同性婚姻合法的州。在这个历史性裁决之后，承认同性婚姻合法的州在不断增加。

由此可见，就像在美国种族隔离问题上的重要案件——1967 年的洛文诉弗吉尼亚州（*Loving v. Virginia*）案那样（该案推翻了各州的异族通婚禁令），美国的同性婚姻合法化也是通过诉讼的方式逐步得到实现的。同性婚姻于 2015 年在美国全境得以合法化，便是通过诉讼的形式促成的。这次联邦最高法院判决的同性婚姻案件，包括不同当事人在四个州分别提起的诉讼。这四个州在美国司法体系下均属于第六上诉法院司法管辖范围，在此前的诉讼程序中，第六上诉法院先后支持了各州禁止或拒绝认可同性婚姻的法案，随后四个案件的当事人均向最高法院提起上诉。在美国法律体系下，许可婚姻的权利属于各州，同性婚姻案件并不必然意味着联邦最高法院的介入，但是，由于这些案件涉及对于宪法问题的解释，因此最高院同意接受当事人的上诉请求，并合并审理以维护宪法在全国范围内的统一解释和适用。最后，就出现了之后的五比四微弱多数胜出的裁决。

（三）政党政治与同性婚姻的关系

当然，立法、司法早已与政治紧密交织在一起，所以我们也不应忽略美国的政党政治在同性婚姻合法化中所起的作用。长期以来，民主党和共和党在同性恋问题上有不同看法。如果说在 1960 年代末和 1970 年初，同性恋权利和同性婚姻问题第一次出现在美国政治舞台上时，两党分歧还相对较小，进入 20 世纪 90 年代，随着美国公众对同性婚姻的支持程度不断提高，同性婚姻问题逐步成为两党政治中的一个问题。共和党从保守的政治哲学出发，反对同性恋权利和同性婚姻。民主党则在不断调整，特别是经过奥巴马政府的调整，民主党已成为一个旗帜鲜明的支持同性婚姻的党。

但政党并非决定性力量。如果共和党人掌握要害部门，即使总统本人支持同性婚姻，也未必能起到任何作用。比如 1996 年，当时国会两院都是由共和党控制，时任总统的克林顿虽然支持同性恋权利，也不得不做出妥协，在联邦《捍卫婚姻法》（*Defence of Marriage Act*，简称 DOMA）上签字。该法案中，婚姻应该是"一个男人和一个女人之间的结合"，并规定如果一个州的同性婚姻合法化，其他州不一定必须承认它，并且这种婚姻不能获得联邦福利。[①] 21 世纪初，总统小布什是把反对同性恋作为取信右翼力量的方式。伊拉克战争之后，右翼和社会保守力量相对式微，同性恋平权运动又重新抬头，2008 年，民主党的奥巴马成功地把高调支持同性婚姻变成了拉拢左翼的法宝。宣布参选总统的希拉里也紧随其后，在其社交媒体上打出了"骄傲"一词。

除了作用幽微的政党政治，从五比四微弱胜出的结果也能看到，美国同性婚姻的合法化也不乏偶然因素，比如最后撰写多数意见的肯尼迪大法官，他本是一名虔诚的天主教徒和共和党人，通常被认为属于保守派阵营，是"摇摆的一员"，最后他是出于对"程序正义"的坚持而投出了关键一票。

---

① 张业亮：《同性婚姻问题与美国政治》，《美国研究》2012 年第 2 期。

以上种种，是整个事件的乐观一面。另外一面，则是绵绵不绝的争议和暂时被浩大的支持声淹没的反对派声音。我们看到，以诉讼的方式追求平权的策略实际上是依附于美国早年为平衡多方力量而制定的违宪审查制度、具有不确定性的政党政治以及三权分立的政治架构之上。同性婚姻不仅仅是一个平等保护人权的问题，还涉及联邦权力与各州权力的分配、立法权与司法权的关系、联邦最高法院的根本职责、司法审查与民主制度的关系等从未消停过的诸多争议。

比如保守派们就坚持认为最高法院本质是作为保守主义制衡器，维系和守卫美国宪政的三个平衡：立法分支与行政分支的、各州权力与联邦权力的、社会自治和国家强制的平衡，其职责是积极维护平衡，消极维护平等。也有反对者们直指联邦最高法院是用司法仲裁为手段的国家权力挑战了人类正当传统，是对州权的僭越、对民意的屈服。自由派法官们于是成为原教旨主义保守派法官口中的失去独立性的“民权运动走狗”（斯卡利亚语）。而且，违宪审查就像高悬的达摩克利斯之剑，会让立法机构通过的普通法律文件随时面临被废掉的风险，这个权力如果用得不好，也会让联邦最高法院引火上身。另外，对这个判决的不满者和支持者在人数上相差不大。五比四的结果，远远谈不上同性婚姻支持者的决定性胜利。

总结而言，美国联邦最高法院的裁决虽然“一下子”实现了在同性婚姻问题上的从 37 个州认可到全美认可的历史性跨越，但在这个看似有些突然的改变背后，是美国社会长期以来形成的民权运动联手法律诉讼争取权利的传统，是美国基于平衡州与联邦、立法与司法等多方关系的需要而设立的违宪审查制度因其内含的张力而始终争议不断的历史，是不断在民意、利益、权力之间斡旋妥协的政党政治。因此，即便同性婚姻已经合法化，与此相伴的争议仍将绵绵不绝。

三　同性恋在我国的境遇

以上是美国同性婚姻合法化的历程，这一历程与美国同性恋处境的演变紧密联系在一起。在我国，探讨同性恋婚姻权问题，也应以对同性恋的处境、同性恋婚姻权提出的背景等一系列问题的考察为前提。

（一）同性恋在历史上的境遇[①]

首先，同性恋在我国历史上是常见、普遍的现象。关于中国同性恋的情况，据《中国古代房内考》记载，女子同性恋在不同时期一直广为流行，但男子同性恋在汉代以前很少见。到了汉代，同性恋曾多次流行过，特别是在六朝早期似乎极为兴盛，并在北宋时期也再度兴盛过。[②] 清代学者赵翼在他的《陔余丛考》中指出，北宋时期曾有过一个靠做“男妓”谋生的阶层，政和年间颁布过一项法令，对这些人处笞一百并罚以重金。南宋时期，这种“男妓”仍在活动，他们招摇过市，打扮得像妇女一样，并且组织成行会，赵翼补充说，这标志着同性恋的最盛时期。其他

---

① 正如同性恋和异性恋都是19世纪末20世纪初才产生的概念，中国古代只有同性之间的性行为，没有“同性恋”的说法。此处是为了行文方便而使用同性恋一词。

② ［荷］高罗佩：《中国古代房内考》，李零、郭晓惠等译，上海人民出版社1990年版，第67页。

时期，同性恋多是发生在文化程度很高或成分混杂的社会集团中。[①] 中国古代文学作品中对同性之爱也不乏描述，如曹雪芹的《红楼梦》、李渔的《怜香伴》。明清小说《弁而钗》则被认为是世界上第一部完整描写同性恋故事的小说。这些都可证明，同性恋在中国古代社会就已存在。

其次，中国古代社会对待同性恋的态度相对宽容。从整体来讲，同性恋在中国历史上虽然没有得到提倡，但也没有受到大规模迫害和严重的社会歧视，[②] 处境只因朝代不同而略有区别。

早期儒家经典中与同性恋有关的表述有如下几处，如《论语·阳货》中的“巧言令色、鲜矣仁”，《论语·季氏》中的“损者三友。友便辟、友善柔、友便佞，损矣”，《孟子·尽心下》中的“恶佞，恐其乱义也”。从这些表述中可以看到，尽管行文者对“色”、“佞”给予了否定评价，但还谈不上苛责。而且，这些典籍在提到男色的同时往往也并举女色，两者都作为同一性质的危机被对待。

明清时期对待同性恋开始呈现暧昧的、偏向于中立的反对态度。[③] 但这种反对态度也没有导向对同性恋的迫害。其中缘由也许是明清社会的同性恋者绝大多数又都是异性恋者。同性恋本身固然有悖于阴阳天道，但由于行为者对异性恋者也能以一种比较自然的心态予以接受，所以他们的阴阳相悖还谈不上走入极端，至多是被视为“怪异”而另眼相待。

---

① ［荷］高罗佩：《中国古代房内考》，李零、郭晓惠等译，上海人民出版社1990年版，第212—214页。

② 潘绥铭、黄盈盈：《性社会学》，中国人民大学出版社2011年版，第201页。

③ 张杰：《中国古代同性恋图考》，云南人民出版社2008年版，第308—315页。

中国古代社会为什么对同性恋较为宽容？并非是中国比西方更早地有了对同性恋的科学认识，而是因为中国有着不同于西方的性与性别观念和家族观念。

有学者曾研究古代典籍中有关同性恋的表述，发现这些表述呈现以下特点：一，发生在同性之间的性行为一般是从社会而非性的角度来表述的。二，描述同性行为的词语大多很诗意，丝毫没有道德谴责的意味。三，最重要的，所有的这些表示同性行为的称谓都没有强调一种固定和本质的人格。[①] 这应该是比较符合同性恋在中国传统社会的处境的。没有固定和本质的人格，也就是没有把他们视为某个固定的群体，这也符合中国社会将人置于家庭结构和社会角色之中来予以理解的特点。人是关系中的人，而非抽象的独立个体。相比较强调性别本身的解剖学和生物学差异，根据性倾向将人归类的做法，中国传统社会更多的是根植于家庭结构和社会角色的观念来理解性别。

在性观念方面。比如，在古代中国，女子阴气被认为是取之不竭的，所以，社会对女子之间的同性恋非常宽容。只要不发生过头的行为，人们认为女子同性恋关系是闺阁中必然存在的习俗。而两个男人进行密切接触也不会造成任何一方元气受损，只要是成年人之间发生的，文献史料也一般采取中立态度。[②] 只有当同性恋中的一方滥用这种感情关系去谋求非分之财或挑唆同伴干不义或违法的勾当，即“乱义”时，这种行为才受到谴责。

---

① 魏伟：《公开：当代成都“同志”空间的形成和变迁》，上海三联书店 2012 年版，第 34 页。

② 谈大正：《性文化与法》，上海人民出版社 1999 年版，第 66 页。

另外，儒家文化重视个人对家族的责任，婚姻和生育是个人对父母和祖先的必尽之职。如许烺光所说，中国文化把群体利益置于个体利益之上，个体属于群体并且永远是次要的。至少在意识层面上，群体无论是家庭还是国家的存在不是为了支持个体，恰恰相反，个体的存在是为了群体的延续。[①] 古代社会中，个体是为了延续家族的子嗣而结婚，并不是为了满足个人的偏好或情欲而结婚，自然也没有谁认为为延续子嗣而结婚有什么“问题”。所以，只要履行了这个职责，即便与同性发生了性行为，也都不会受到过多干预，除非这些性行为影响到了他应当履行的家族职责。

从这个角度来看，同性之间的性行为在古代社会的确不存在太多的社会危害性。因为行为人完全遵守儒家规范，履行了应有的职责。这样的同性性行为也不会威胁到儒家的宗法关系，和君为臣纲、父为子纲、夫为妻纲的三纲不冲突，和仁义礼智信的五常也不冲突。所以有学者认为儒家学说不是以性行为本身的好或者坏为基础来考虑人的行为，而是在五种伦理关系中来评价人的行为，通过这些关系，整个社会等级得以建立。这一说法，也与上文中所说的，中国古代社会是将人置于“关系”之中来理解是相印证的。只要人的行为符合三纲五常的要求，在此前提下，什么样的性行为都可以被接受，除非它对人际关系有负面效果。这也就可以解释，为什么肛交可以接受而强奸不可以，因为后者会影响到正常的人际关系。

正是在这种观念的影响之下，中国同性之间的性行为反而获

---

① 阎云翔：《中国社会的个体化》，陆洋等译，上海译文出版社 2012 年版，第 332 页。

得了西方所没有的相对自由的存在空间。当然，这种自由不是现代个体主义意义上的自由，是行为的自由而非选择的自由。这一自由是以个体高度嵌入于传统社会结构，服从于儒家的规训为前提的。同时还要看到，这一自由因性别而不同，男性拥有比女性更多的性自由。这种家族繁衍重于个体情欲的观念、女性的性自由相对受压抑的情况，在权利意识逐渐凸显的现代社会自然会带来问题，包括同性恋者的异性婚姻也将受到质疑。

（二）我国法律对待同性恋的态度

中国传统社会相当长的时间里没有明确的关于同性性行为的法律，尽管在司法实践中有比附定罪的案例，但是历史上的记载非常少。一直到明代才有了非常简略的规定且历时不长。[①] 据清末薛允升考察，嘉靖年间于律例之外又纂入了比附律六十余条，“盖因例无专条，即可援此以定罪也”。[②] 其中规定：“将肾茎放入人粪门内淫戏，比依秽物灌入人口律，杖一百。”但万历十三年（1585）重新修例时所定最后一例强调：“［此次］条例申明颁布之后，一切旧刻事例未经今次载入，如比附律条等项，悉行停寝……”[③] 如此，比附律条只是在嘉靖万历年间行用了几十年，不过到了清代又予以接受。清初有关条例不是比依秽物灌入人口律，就是被归入了杂犯、白昼抢夺类。这就说明清初的立法者还没有确定男男同性恋的性犯罪性质。乾隆五年修律，中国历史上第一次出现了针对同性性行为的明晰的完备的立法，即关于

① 郭晓飞：《中国法视野下的同性恋》，知识产权出版社2007年版，第21页。
② 张杰：《中国古代同性恋图考》，云南人民出版社2008年版，第316页。
③ 同上。

和同鸡奸的法律。

因此，我们大致可以看到，明清时期是中国对待同性恋态度发生转变的时期，特别是到了清代，法律更为明确地显示出对同性恋的严苛态度。明清之前对同性恋的宽松态度，应与儒家社会是在关系中评价而不是以（性）行为本身来评价人有关，有同性性行为的人只要遵守礼教，就不会受到批判，而出礼入刑的中国法也无需对“和同鸡奸”这样一个对社会秩序没有太大破坏力的行为进行严厉惩罚。至于清代的转变，按照江晓原的看法,① 是因为宋代以降，礼教在高度政治集权的推动下更加严苛。清入关后，更是严格性禁锢，对和同鸡奸的定罪处罚其实和清代主流意识形态的保守有关。《刑案汇览三编》中的案例里，死者都是男男中的被动方，便是因为性规范进一步严苛，女子的贞洁标准扩展到了性生活上处于被动地位的男子身上。奸情败露之后，处于被动方的男子于是要承担更多的性羞耻。

另据一些学者考证，其实即使在清代，虽然“和同鸡奸”要受惩罚，但它很少单独成罪，官府并不会主动追究，民间通常也不会特意去告发。清末法律改革，和同性质的同性恋更是明确地不再为罪，民国也是如此。新中国成立后，这种行为虽然在刑法中未受到明文规定，但因流氓罪的含义不清，行为者也就有了因犯此罪而受惩治的可能。1997 年《刑法》实行罪刑法定，对流氓罪作了细化分解，普通同性恋不在其中，被明确为非罪。② 回顾上述历史，与美国的法律相比较，可以看出，对普通同性恋作轻刑、非刑处理是中国法律的一个传统，呈现出了法律人文世俗

① 江晓原：《性张力下的中国人》，上海人民出版社 1995 年版，第 118 页。
② 张杰：《中国古代同性恋图考》，云南人民出版社 2008 年版，第 338 页。

主义的特点。

（三）我国同性恋婚姻诉求的提出背景

从上述记载可以看到，同性性行为在中国古代社会中一直存在，却并未由此而发展出同性婚姻。那么，为什么在进入21世纪之后，同性婚姻的诉求在中国悄然出现？

（1）同性恋群体身份在中国的逐渐形成

当社会中只有作为“行为”而存在的同性性行为，没有基于相同性倾向而产生“我们皆为同类”的身份意识，同性恋者就很难发现彼此共同的需求，提出相关的权利诉求。同性恋群体身份的形成，应是同性婚姻诉求产生的基本前提。我们知道，即使在西方，在漫长历史时期的绝大多数时候，同性恋也只是作为一种性行为方式而非具有一致意识的群体存在。戈尔·维达指出，从来没有同性恋者或者异性恋者这样的划分，有的只是同性之间或者异性之间的行为。异性恋和同性恋的二元划分直到19世纪末期和20世纪初期才开始出现。在那个时候，异性恋才从最初的医学术语演变成描述不同性别之间“正常”的性欲吸引，而同性恋的概念则被创造出来去描述对异性相吸规范的偏离。在同一时期，作为性身份的“同性恋者”和“异性恋者”的说法也开始出现在正式的文本中。[①]

在中国传统社会，“性别”并不具有一成不变的本质意义，而是在家庭、亲属这样的社会关系中被认识。传统社会对有同性性行为者，也多是强调其行为、倾向和偏好的一面，并不认为它

---

① 魏伟：《公开：当代成都“同志”空间的形成和变迁》，上海三联书店2012年版，第5—8页。

是具有稳定内涵的群体，因此，虽然在中国传统社会各种文本中有关于同性之间性行为、情感、欲望等的表达，用以形容同性间情欲的词语也有很多，如余桃之癖、断袖之癖、龙阳之好、对食、磨镜等，却没有“同性恋”的说法，也就是说只有同性恋的行为和偏好，没有同性恋的身份认同。中国社会对同性恋的这种认识传统，随着19世纪中叶以来西方观念的逐渐引入而被改变。在西方性学、生物决定论、基督教教义中的恐同主义等观念影响下，中国文化中对性别的非本质主义理解开始发生变化，同性恋逐渐被当作一种非正常的性别身份，关于同性恋的病理化认识也开始在社会中传播。

20世纪80年代，弗洛伊德早期学说被引入中国，“同性恋”的概念和解释开始在社会大众中传播，国内有关同性恋的学术研究开始出现，国外同性恋解放运动的理论和观点也被学术界介绍进来。90年代以后，随着社会的转型、人权观念的不断渗入，传统的同性性活动的状态也发生了历史性的变化，同性恋者开始形成以性取向为标识的集体认同。在此基础上，一些同性恋社群也逐渐建立起来。由于政治与社会环境不同，我国同性恋组织最初是在艾滋病项目的基础上形成，在形式和内容上都比较低调，远没达到如美国那样可以对政治产生影响的程度。出于各种原因，同性恋组织在发展过程中也多强调“去政治化”。[①] 但群体意识与组织的形成，有助于强化同性恋者的自我认同和对自身需求的尊重，在很多同性恋者倾向于与同性伴侣结成稳定而有长期生活保障的关系的情形之下，同性婚姻也应运而生，成为了这一

---

① 潘绥铭、黄盈盈：《性社会学》，中国人民大学出版社2011年版，第203页。

群体的权利诉求之一。

（2）个体化社会中，情感与欲望的重要性在私人生活中逐渐凸显

在传统中国社会，个体深深嵌入在家庭网络和亲属关系之中并被它们界定。在久远的宗族脉络中，个体仅仅代表祖先与后裔之间的一个临时点。[①] 作为“临时点”的个体，在婚姻中所担当的主要是延续家族血脉的职责，至于自身的情感和欲望，并不被认为是一桩婚姻所必须考虑的。当然，在这样的婚姻模式中，男性的情感和欲望仍能在婚姻之外得到满足，同性性行为也只是与其他婚外性关系一道，被视为一种性嗜好，和传统的异性婚姻可以并行不悖。至于婚姻中的女性的感受与需求，则在男权社会对男女性道德所持的双重标准下被忽略和压制。

近百年来，中国社会已发生结构性的改变。进入 21 世纪，社会的个体化趋势日渐突出。按照西方个体化理论，个体化社会的标志有去传统化、脱嵌、自反性自我的形成，等等。[②] 当前中国社会确实已出现类似“个体化社会”的特点，如个体日益从外在的社会约束中脱离出来，这些约束包括整体的文化传统和其中所包含的一些特殊范畴，如家庭、血缘关系和阶级地位等。社会结构也开始强迫个人成为积极主动和自己做主的主体，对自己的问题负全责，即发展出一种自反性的自我。

有研究指出，个体化进程的最重要变化之一，是私人生活中情感与欲望的重要性上升。[③] 这一变化在婚姻家庭这个私人生

---

① 阎云翔：《中国社会的个体化》，陆洋等译，上海译文出版社 2012 年版，第 334 页。

② 同上书，第 328 页。

③ 同上书，第 369 页。

活领域的表现是：个人不再只是家族责任的完成者，而是合理的情感与欲望的追求者。当同性恋者开始尊重自身的情感与欲望，便会日渐难以进入以生育为目的的异性婚姻，身处其中的同性恋者也将更深地体会到自我的撕裂。当女性开始重视从婚姻中所能得到的情感与欲望的满足，在选择伴侣的时候，也会注意考察对方的性倾向，而那些在不知情的情况下与男同性恋者结婚的女性则会逐渐意识到婚姻中存在的问题，会难以接受“同妻”的身份。

（3）近现代以来国人婚恋观的改变

婚恋观多由文化塑造而成。千百年来，儒家文化培育的是为生育而婚姻的观念，个人的情爱、感受排在婚姻之后，不被视为婚姻的主要目的。20 世纪初，中国人的婚恋观随时代的变迁悄然发生改变。经过五四时期的文化洗礼、革命对父权婚姻家庭的改造乃至法律对婚姻家庭的重塑，有别于儒家传统的婚恋观逐渐在中国社会中形成。

五四时期，西方浪漫爱的观念进入中国，对传统中国人的婚恋观构成巨大的冲击，“爱情”这个不曾在中国式婚姻中被强调的因素，开始成为具有先进思想的年轻人追求的对象。追求爱情，在当时也是一种革命、现代和时尚的表现。在这个过程中，革命以及革命时期制定的婚姻法，也在对现代婚姻家庭的展望中改造着中国的婚姻家庭。从阻断父权对子女的控制，到提倡个体的婚姻自主，婚恋从父母之命媒妁之言中解放出来，婚姻也逐渐成为个人的情爱选择。革命胜利之后，中国人的择偶条件虽然也曾因时代不同而有差别，但婚姻应当是在双方自愿、相爱基础上的结合的观念已逐渐深入人心。改革开放之后，婚姻、爱和性的关系经历了更为剧烈的转变。[①] 1980 年颁布施行的《婚姻法》中，“感情破裂是离婚条件”的规定让“无爱”成了合法的离婚理由。爱将婚姻赶下了它原来的神圣地位，无爱的婚姻被认为是不道德的。迈入新世纪后，婚恋观进一步演变。随着性意识的觉醒以及性自主的崛起，除了爱情，性愉悦也成为了新的决定婚姻质量的重要因素，无性婚姻变成了有问题的婚姻形态。[②] 在这一堪称新时代的性革命的过程中，女性扮演了比男性更为重要的角色。以牺牲女性性欲为代价的同性恋者与异性恋女性的婚姻不再被认为是理所当然的，作为一个群体浮出水面的“同妻”，既证明了多数同性恋者进入了异性婚姻的事实，也征示着女性开始意识到性愉悦在婚姻中的重要性。当整个社会的婚恋观发生了改变，婚姻的目的不只是生育，还包括爱情和性的内容，无关生育行为的同性婚姻也更有了存在的合理性。

四　比较视角下我国同性恋婚姻权的思考方式

讨论我国的同性恋婚姻权，为什么要将我国的同性恋历史、同性婚姻的提出背景与美国同性婚姻合法化的过程并置比较？这是因为，笔者认为，同性婚姻在我国的提出是中西方社会实现交流互通之后的结果，美国同性婚姻的合法化在我国引起不小的社会反响，并且可能构成我国同性恋婚姻权实现方式上的重要参

---

① 魏伟：《公开：当代成都“同志”空间的形成和变迁》，上海三联书店 2012 年版，第 173 页。

② 潘绥铭、白威廉、王爱丽、劳曼：《当代中国人的性行为和性关系》，社会科学文献出版社 2004 年版。

照。但从美国同性婚姻合法化的历程可以看到，同性婚姻合法化的实现与这个国家特定的同性恋发展历史、社会环境、政治生态等多种因素联系在一起，而同性恋在中国有着与美国不同的历史境遇，加之中国具有自身的政治架构，因此在同性婚姻问题上也应有属于自己的思考方式。

（一）没有对立面，如何争取群体的权利？

在西方政治实践中，权利被认为是通过争取而获得的。从美国同性婚姻合法化的过程可以看到，美国同性恋者争取婚姻权的历史，也是同性恋者不断反抗歧视、与压制他们的力量作斗争的历史。从最初的将同性恋视为犯罪到之后的非罪化，从警察可以随意抓捕到同性恋者群起而反抗，从寻求日常生活中的平等对待到获得与异性恋者平等的婚姻权，整个过程都能看到压制者与反抗者、剥夺者与夺权者的同时在场。所谓哪里有压迫哪里就有反抗，压迫产生了自己的对立面，抗争者也因此有了明确的反抗对象和运动目标。

我国学者在论证同性恋婚姻权的合理性的时候，也多是在权利框架之下论证同性恋者应当得到如异性恋一般的平等对待。如徐国栋在其主编的《绿色民法典》中，第三分编“婚姻家庭法”第2条第3款的规定即是：“同性人彼此之间缔结的民事结合，在性质相宜的范围内，适用本分编的一切规定”。[①] 将婚姻视为所有人（无论性倾向）的一项基本人权，也是同性婚姻支持者们经常援引的说法。但是，在理论上论述婚姻是同性恋者基本权利

---

① 徐国栋主编：《绿色民法典草案》，社会科学文献出版社2004年版，第185页。

并不意味着“争取权利”就是当前最适宜采用的诉求婚姻权的方式。

因为从前文中可以看到，在我国，同性恋有着与美国不同的历史，同性恋者长期以来并不具备统一的身份，同性性取向与异性婚姻也并不必然发生冲突。同时，我国也不曾有过类似英国、美国的“恐同运动”、同性恋者迫害运动以及同性恋权利解放运动。换而言之，“同性恋”在我国并未成为一个影响社会发展的“问题”。这也意味着，同性恋者并非是以一个异于常人的群体形象游离于中国普通大众的生活之外，而是与其他人一样深深嵌入在中国的人情社会之中。尤其是在现代，国家已逐渐退出对私人生活的管理，同性恋作为一种个人的生活方式，只要不触及政治权利，就存在一定的生存空间。也可以说，我国当前并不存在一个与同性恋群体对立的组织或者势力。

当同性恋者没有作为一个群体发声的时候，它反而得到自由发展的空间，只是不能与同性伴侣结婚，要服从儒家家族规范。但是一旦要求结婚权，则有些触动人们早已视为常态的婚姻形式：婚姻难道不是男女结合的吗？怎么可以将结婚双方的性别更改为“不限男女”？笔者认为，这样的看法反映的未必是某些批评者笔下的“异性恋婚姻霸权”，而是一种形成已久、难以马上改变的传统认识。这样的认识也并不必然意味着对同性恋者的“歧视”，而是代表了一种视现存的婚姻制度为理所当然的、惰于反思的思维方式。在这种背景下倡导同性婚姻权，有可能不仅取不到好的效果，反而加剧对同性恋的排挤。

（二）采取渐进的方式，以寻求文化上的可见度为首要任务

在同性婚姻问题上不存在截然对立的支持方与反对方——这

并不见得是一个理想的局面，相反，它可能意味着同性恋婚姻权在中国的实现，要面临美国所不曾面临的障碍。这个障碍不是具体的有某种宗教信仰的群体或坚守某种立场的党派，而是对同性恋持有模糊态度的文化：对同性欲望持有开放的态度，但又将其阻隔在异性婚为中心的家庭制度之外，而后者，不仅是个人的所谓“正常”社会身份的来源，也是社会秩序构成的基础。将婚姻缔结条件改为“不限性别”，所触动的不仅仅是某一部分人的观念，而是传统中国社会的建立基础。同性婚姻彻底抛弃了生育为主的婚姻形式，成为个体以感情、陪伴为主要形式的婚姻，对既有的仍以家庭为单位建立起来的社会将构成不小的冲击。

对同性婚姻的认识亦与我国公民的道德、伦理、风俗、习惯密切相关。我国现行《婚姻法》中的婚姻是以异性关系为核心的，我国公民的道德、伦理观念至今还不可能宽容地、普遍地接受同性伴侣的结合。婚姻家庭观念的转变并非一朝一夕之事，在某些缔结婚姻的核心问题上要求更改，可能还会在社会舆论上带来反效果。另外，我们当前也不具备如美国社会那样的，通过平权运动推动法律改革的历史传统和政治条件，试图以行为艺术或递交提案的方式来推进婚姻法改革的方式收效甚微。

这并非是否定此类行为的必要性及其社会意义。只是笔者认为，相比较激进的通过婚姻法修改的方式主张同性婚姻，以渐进的方式寻求同性恋的可见度和社会对其的接受度可能对同性恋者更有帮助。根据有关研究显示，当前中国同志真正关心的仍然是身份认同、情感关系和应对来自家庭和社会的压力。[①] 当前同性

---

① 魏伟：《公开：当代成都“同志”空间的形成和变迁》，上海三联书店 2012 年版，第 242 页。

恋在中国的可见度还是很低。因此，在提出同性婚姻诉求之前，营造一个能让同性恋者按照自己的性取向自在生活的社会氛围显得更为重要。

（三）能否立足中国历史，探索同性恋存在的新意义

同性恋究竟意味着什么？同性婚姻是值得同性恋权利运动追求的吗？在当今社会中占据主导地位的异性恋一夫一妻制关系伦理中，性的独占性和排他性被认为是理所当然的，从另一个角度看，这种关系失去了探索人与人之间多样关系的可能性。由于同性关系没有得到法律的承认，也就没有一纸婚约对于关系双方的行为约束，这就导致了同志关系中的性存在更多的开放性，这种开放性本身构成了对一夫一妻制的挑战。李银河曾指出，同志（同性恋）所追求的“纯粹的快乐”也体现了对异性恋中制度化的一夫一妻制的不足部分的反思。安东尼·吉登斯也曾说，现代社会亲密关系的转变允许“纯粹关系”的出现。这也是和“可塑之性”的发展有关。可塑之性将人从繁衍后代的需求中解放了出来，更加强调个体的愉悦。屹立在个体化和去传统化进程的前端的男同性恋和女同性恋者则被看作是追求纯粹关系和可塑之性的“先锋”。以异性恋婚姻为模板的同性婚姻则让这种先锋性打了折扣。[①]

纵观美国同性恋运动简短的历史，在同性恋权利运动内部就一直存在着“同化派”和“解放派”两种路径的争论。前者强调用一种以权利为基础的视角，主张在更广泛的多元民主的框架

---

① 魏伟：《公开：当代成都“同志”空间的形成和变迁》，上海三联书店2012年版，第183页。

内，为挣得一席之地而斗争；后者主张更激烈的文化转变、一种实质性的改变并且是从美国政治制度结构外部产生的变化。所以，尽管平权是当代同性恋权利运动战略的核心目标，但早期同性恋者争取婚姻权的斗争并没有得到同性恋组织的支持，一些同性恋权利争取者认为，同性婚姻问题的妥协性过大，不能作为同性恋权利运动的政策和政治日程的中心目标。

美国同性婚姻合法化之后，也有一种“泼冷水”式的说法，即平权运动的终极目标应该是超越婚姻制度而不是被它收编。倘若这一终极目标放在中国同样适用，那么，中国的同性恋是否可以在争取婚姻权之外，从文化传统和历史经验中挖掘出反抗性的、异质性的思想资源，寻找一条属于自己的解放之路？

后　记

写作这本小书是一次冒险。

正如书中所提到的，在当下中国法学研究是否需要引入后现代这一问题上，学界本身就存有争议。所以，虽然像后现代女性主义这样一个女性主义思潮的当代形式早已成为哲学、文学等学科的研究对象，法学界却仍然与其保持一定的距离。甚至，女性主义法学是否有存在必要都是疑问，因为一种并非出自客观测量的揣测——“中国女性地位已经比男性都要高了”“中国男女平等已经矫枉过正搞过头了”——也在坊间流传。因此，几年前，当我面对“法律与性别”这个研究领域时，心中并不是完全没有疑惑的。

当时我手中能找到的含有“法律与性别”关键词的国内著述也屈指可数，例如陈明侠、黄列教授主编的论著性教材《性别与法律研究概论》、孙文恺教授著的《法律的性别分析》以及周安平教授著的《法律与性别：性别平等的法律进路》。著述的稀少也让我以为性别视角的法学研究并未引起法学界的足够重视。那么，这是否也间接说明没有在我国开展这项研究的必要？

我疑惑，也好奇。但最终还是确信，这是一个值得投入心力与热情的领域。这个“确信”的发生，既与我曾经的求学经历有关，也与近年来的社会观察、阅读思考以及交流往来有关。

我曾经学习法律七年。硕士研究生毕业两年之后，在方法倦怠和思维固化的担忧之下选择了攻读社会学专业的博士。当时认为，社会学将法律视为社会事实之一种，如果法学回答的是“法律是怎样”的问题，社会学回答的则是法律“为何是这样”、受哪些社会因素影响等问题。在提供一种研究法律的新方法的同时，社会学也能让我跳出认识世界和理解问题时只见法律不见其他的思维局限。

我当然深知，“从一而终”有助于专业精进和积累“圈中”人脉资源，换专业学习的选择无论从哪个角度看都是反工具理性的。转换专业之后面临的新知识的学习、新思维的锻造等一系列困境也让我一度陷入专业归属和认同的焦虑之中。

但是回过头看，这段跨专业学习却让我受益终身。不仅是因为社会学强烈的社会关怀让人永远从弱者角度思考公平，也不仅是社会学的关联分析让人能复杂全面地看问题，还在于社会学研究方法对“身体在场”的强调让我结合自己的生命经验——女性的社会处境——找到了能将理性与激情融合在一起的研究题目。这就是“法律与性别”研究。

另外，在扩大阅读范围之后，我发现，尽管性别并未以关键词的方式大量出现在法学研究的题目中，但性别平等的理念已不同程度地贯彻到了法学研究之中。比如劳动法、婚姻家庭法的研究一向尊重性别差异、注重保护婚姻家庭中的弱者权益，民法研究中也对同性婚姻权早有涉及。这些研究完全是法学专业式的，从法条内部构造出发、遵照法理、层层推演。虽然未以“性别”研究为名，但这些研究成果在推动性别平等上功效卓著。

特别是2015年12月出台的《反家庭暴力法》。当我逐字逐句细读条文，领悟到每个条文背后实际都有性别意识的巧妙融入的时候，不由得为法学家和立法者们的智慧所深深折服。这种种事例都充分说明，偏见与歧视、反智与自大都只属于具体的个人，作为学术研究的法学是不拒绝性别思考的。只要信守平等，尊重法理，学法之人在接受女性主义时也不会有任何障碍。同时，涉猎过两个学科的我也深刻体会到，只有利益和意识形态能阻隔学科之间的交流，作为人类共同智慧的结晶，不同学科在认知问题时只会有方法上的不同，不会有结论上的悬殊。

2013年7月，我投递了一篇探讨离婚条款与社会变迁之关系的文章到当年社会学年会的婚姻家庭论坛，并在论坛上对这篇还只是处于框架搭建阶段、尚未完全成型的论文作了简单介绍。没想到在这次会议上得遇知音——吴小英老师。我曾因她的女性主义哲学及研究方法的系列论文而受益匪浅却一直无缘得见。在这次会议上，她对我从法律角度来研究婚姻家庭变迁的思路给予了肯定和鼓励。这对我来说，不仅是一次珍贵而难忘的相遇，也是一次研究信心的提升。

同年9月，在王政老师——我的社会性别研究的引路人——的帮助下，我前往美国密歇根大学的性别与妇女研究所开始为期一年的访学。这是一个由历史学、社会学、心理学、法学等多学科的教授和研究者组成的研究机构。机构的综合性充分说明了性别研究的跨学科性，也说明每一个学科都不可缺少性别视角。在访学期间，我也体会到在“性别”意识上中美研究者们存在巨大差距。一些在专业领域颇有建树的国内学者一遇到“性别”问题就失语或贻笑大方，而在美国乃至其他现代国家的社会科学研究中，性别是一个研究社会问题时不可缺少的维度，而且，这近乎是一种学界的常识。这样的现状也让我确信法律与性别研究在我国是需要的，是应该要有研究空间的。经常听到部门法研究者感叹可研究的题目已经穷竭，我想，也许不是没有问题可研究了，而是缺少研究的新思维、新方法。我相信，从性别角度可以挖掘出很多法学领域的新问题。

例如，在访学期间，王政教授提醒我在做革命时期婚姻法研究时要关注那些明显对妇女有利的条款是哪些人、在怎样的具体背景下制定的？这样思考问题就不再是拘泥法律条文本身，而是将法律与妇女解放运动、与近代中国革命历程联系起来，从而获得研究婚姻法的一个新视角。经她介绍，我与休斯敦大学的丛小平教授取得了联系，并以邮件形式就她正在以陕甘宁边区司法档案为实证材料做的婚姻法研究进行了交流。这对我认识后现代思想的批判性也有很大帮助。

2015 年 12 月，我受邀参加了香港中文大学性别研究中心主办的“跨越边界的性别”国际学术会议，并在会上作了题为“离婚法变迁中的性别政治”的简短发言。会议邀请者、人类学学者王丹凝老师在聆听了发言之后，也同样鼓励我把“法律与性别”研究坚持下去。如同之前在不同场合因为共同信念而自然相识并给我无私帮助的前辈老师一样，王老师的话语也让我感觉到，走在这条道路上，真的一点都不孤独。而且，在这个探索的过程中，总是有来自不同领域的朋友以不期然的方式给予我意志上的扶助和灵感上的启发。所以我不仅是“不孤独”，而且还清晰地感受到一种无形却坚固的精神共同体的存在。

经过这些年的踯躅，我的想法日渐明确坚定。在学科归属上我不再焦虑，而是相信学术研究的关键是把问题说清楚、说透彻。在这个过程中，对法学与社会学我也有了新的认识。从纯粹学术研究的角度来说，法学与社会学及其他社会科学不仅不对立而且还相通相融。在研究方向上，我也确信法律与性别是一个有持久生命力的研究领域，因为它既能回应当下性别不平等的现实问题，又意味着一个具有多学科包容力的学术空间的生成。

有一种绕了一大圈又重新开始的感觉。这种感觉其实挺好。因为内心更笃定、姿态更谦卑了。我于是开始努力，完成了眼前这本小书。我很清楚，它是一次艰难的尝试，写得也很浅薄，有许多需要继续完善的地方。所以，我也愿意把它视作一块引玉之砖，希望有更多的人加入到这个研究领域、这个共同的事业中来。

2016 年 11 月 8 日于上海宽园